闽台佛教慈善组织运作模式比较研究

郭玉辉 著

厦门大学出版社 国家一级出版社
XIAMEN UNIVERSITY PRESS 全国百佳图书出版单位

图书在版编目(CIP)数据

闽台佛教慈善组织运作模式比较研究/郭玉辉著. —厦门:厦门大学出版社,2017.10
ISBN 978-7-5615-6801-9

Ⅰ.①闽… Ⅱ.①郭… Ⅲ.①佛教-慈善事业-组织机构-对比研究-福建、台湾 Ⅳ.①B948②D632.1

中国版本图书馆 CIP 数据核字(2017)第 292286 号

出 版 人	蒋东明
责任编辑	文慧云
封面设计	夏　林
技术编辑	朱　楷

出版发行	厦门大学出版社
社　　址	厦门市软件园二期望海路 39 号
邮政编码	361008
总 编 办	0592-2182177　0592-2181406(传真)
营销中心	0592-2184458　0592-2181365
网　　址	http://www.xmupress.com
邮　　箱	xmup@xmupress.com
印　　刷	厦门集大印刷厂

开本　720mm×1000mm　1/16
印张　12.75
插页　1
字数　205 千字
版次　2017 年 10 月第 1 版
印次　2017 年 10 月第 1 次印刷
定价　48.00 元

本书如有印装质量问题请直接寄承印厂调换

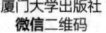
厦门大学出版社
微信二维码

厦门大学出版社
微博二维码

目　录

第一章　绪　论 ………………………………………………… 1
第一节　研究缘起与研究意义 …………………………… 1
一、研究缘起 …………………………………………… 1
二、研究意义 …………………………………………… 3
第二节　文献综述 ………………………………………… 5
一、大陆佛教慈善研究 ………………………………… 6
二、台湾佛教慈善公益研究 …………………………… 11
三、简短评论 …………………………………………… 14
第三节　理论基础 ………………………………………… 15
一、社会交换理论的基本发展脉络 …………………… 15
二、布劳社会交换结构论的基本观点 ………………… 16
三、佛教慈善组织的社会交换 ………………………… 19
第四节　研究框架 ………………………………………… 22
一、研究对象 …………………………………………… 22
二、研究方法 …………………………………………… 24
三、研究思路与研究内容 ……………………………… 25

第二章　闽台佛教慈善组织的身份建构 ……………………… 29
第一节　影响闽台佛教慈善组织身份建构的外部因素 …… 30
一、宏观政治环境 ……………………………………… 30

二、法律制度与宗教慈善场域 ……………………………… 33
三、宏观经济环境与社会需求 ……………………………… 35
第二节　影响闽台佛教慈善组织身份建构的内部因素 ……… 38
一、佛教慈善思想 …………………………………………… 38
二、佛教慈善传统 …………………………………………… 41
三、人间佛教 ………………………………………………… 44
四、闽台佛教慈善组织创始人的理念 ……………………… 46
第三节　闽台佛教慈善组织的内涵与类型 …………………… 48
一、佛教慈善组织的内涵与特征 …………………………… 48
二、闽台两地佛教慈善组织的身份（类型）……………… 52

第三章　闽台佛教慈善组织的资源动员比较 …………………… 61
第一节　闽台佛教慈善组织的志工资源及其社会
　　　　交换模式比较 …………………………………………… 62
一、闽台佛教慈善组织的志工资源比较 …………………… 62
二、闽台佛教慈善组织志工的社会交换模式比较 ………… 69
第二节　闽台佛教慈善组织的物质资源及其社会
　　　　交换模式比较 …………………………………………… 88
一、慈善组织的资金来源与筹资方式 ……………………… 88
二、闽台佛教慈善组织的物质资源及其筹资方式比较 …… 90
三、闽台佛教慈善组织社会捐赠者的社会交换模式比较 … 96

第四章　闽台佛教慈善组织的资源转化比较 …………………… 108
第一节　闽台佛教慈善组织的使命比较 ……………………… 108
一、同心慈善会的组织使命 ………………………………… 109
二、南普陀寺慈善会的组织使命 …………………………… 110
三、慈济基金会的组织使命 ………………………………… 111

第二节　闽台佛教慈善组织的决策系统比较 ………………… 115
一、闽台佛教慈善组织的领导者比较 ……………………… 115

二、闽台佛教慈善组织的决策机构比较 …………………… 119
　第三节　闽台佛教慈善组织的志工管理比较 ………………… 123
　　一、同心慈善会的志工管理 ……………………………… 123
　　二、南普陀寺的志工管理 ………………………………… 126
　　三、慈济基金会的志工管理 ……………………………… 128

第五章　闽台佛教慈善组织的服务输出比较 ………………… 135
　第一节　闽台佛教慈善组织的社会服务比较 ………………… 136
　　一、闽台佛教慈善组织的社会救助服务比较 …………… 136
　　二、闽台佛教慈善组织的现代社会服务比较 …………… 142
　第二节　闽台佛教慈善组织宏观领域的社会交换模式比较 … 147
　　一、佛教慈善组织的"需求" …………………………… 147
　　二、宏观领域闽台佛教慈善组织社会交换的"报酬"比较 … 149
　　三、宏观领域佛教慈善组织社会交换的过程 …………… 154

第六章　闽台佛教慈善组织自我调适比较 …………………… 157
　第一节　闽台佛教慈善组织自我调适的动力机制 …………… 157
　　一、闽台佛教慈善组织自我调适的外部驱动力 ………… 158
　　二、闽台佛教慈善组织自我调适的内在驱动力 ………… 161
　第二节　闽台佛教慈善组织自我调适的内容比较 …………… 164
　　一、闽台佛教慈善组织的制度调适比较 ………………… 165
　　二、闽台佛教慈善组织的传媒网络调适比较 …………… 170

第七章　结束语 ………………………………………………… 177

参考文献 ………………………………………………………… 180
后记 ……………………………………………………………… 197

图表目录

表 1-1　本书选取的研究对象简介 …………………………… 22
图 1-1　本书研究框架图 ……………………………………… 27
图 2-1　台湾法律体系下民间组织分类图 …………………… 35
图 2-2　世俗与宗教组织的组织链 …………………………… 52
表 2-1　三个佛教慈善组织要素属性表 ……………………… 54
图 2-3　闽台佛教慈善组织的身份 …………………………… 55
表 2-2　三个佛教慈善组织的组织要素内容 ………………… 60
图 3-1　佛教慈善组织与捐赠者之间的社会交换模式 ……… 61
表 3-1　台湾地区志愿服务参与动机 ………………………… 70
表 3-2　慈济集体活动表 ……………………………………… 78
表 3-3　同心慈善会历年总收入 ……………………………… 92
表 3-4　南普陀寺慈善会的历年收入 ………………………… 94
表 3-5　人们捐款的动机 ……………………………………… 97
表 4-1　厦门市同心义工服务中心义工基础培训班
　　　　第 26 期课程表 ……………………………………… 125
表 4-2　2007 年慈济台中分会社区志工见习课程表 ………… 130
图 5-1　佛教慈善组织与社会各子系统之间的社会交换模式 ……… 135

第一章

绪　　论

第一节　研究缘起与研究意义

一、研究缘起

历史上,自汉代佛教东传以来,佛教就一直将发展慈善事业作为践行佛陀慈悲精神的重要载体。封建社会时期,佛寺依托寺院经济的发展与兴盛,在赈灾、济贫、医疗救助、乡村基础公益设施建设等慈善公益领域做出了重要的贡献,在中华民族慈善史上占有重要的地位。

近代太虚法师为改革佛教流弊,提出建设"人间佛教"的倡导,经过印顺法师与赵朴初居士等人的弘扬,人间佛教成为海峡两岸佛教界复兴佛教、发展佛教的共同指导思想。台湾佛教界在人间佛教的指引下,迅速崛起,成为当代台湾第一大宗教。台湾佛教不仅佛教团体数量众多,而且出现了众多跨境佛教团体。台湾四大佛教道场中的佛光山、慈济都在社会福利事业领域做出了巨大的贡献。作为当代台湾最大的民间慈善组织,慈济

在慈善、医疗、教育、人文等领域贡献卓著,不仅拥有超过400万的会员,而且拥有亚洲第一大、全球第三大的骨髓捐赠库。它的创办人——证严法师也在2011年荣登《时代》2011年百大人物,被誉为"活菩萨"。①

在当代大陆,赵朴初居士将人间佛教写进了《中国佛教协会三十年》的报告之中,正式确立了人间佛教作为大陆佛教界指导思想的地位。随着宗教政策的落实以及旅游经济的兴起,大陆的佛教寺院经济开始复兴,并逐步走向兴盛,佛寺的经济收入开始增加。众多佛寺秉承佛陀慈悲思想与人间佛教理念,开展慈善公益活动,在赈灾、济贫、安老慰孤等领域做出了重要的贡献。随着佛教慈善事业的发展,各地佛教界纷纷成立专业组织。目前大陆有60多家佛教慈善组织。

福建是佛教大省。历史上福建地区的佛教也在慈善事业方面做出了重要的贡献。近代,圆瑛法师开办的泉州慈幼院和福建佛教协会开办的"福建省佛教医院"在全国都有一定的影响力。在当代,福建佛教界弘扬人间佛教的精神,积极从事济世利民的事业。大陆第一家佛教慈善机构——南普陀寺慈善会就诞生在福建厦门,它是大陆佛寺慈善发展的重要里程碑。厦门同心慈善会的运作模式在全国也有一定的影响力。可以说福建地区的佛教慈善组织是大陆发展的代表。

但是,福建地区的佛教慈善组织不论在规模上、服务的专业化上,以及组织制度的建设上都与台湾同行有着较大的差异。是什么因素导致了这种差距?闽台两岸佛教慈善组织发展的社会背景有何差异?它们的组织运作模式有何特点?台湾地区的佛教慈善组织的发展经验对大陆特别是福建地区同行有何借鉴意义?这是笔者研究的中心问题。为了比较的可行性,笔者选择台湾的慈济基金会、厦门同心慈善会、南普陀寺慈善会作为闽台两地佛教慈善组织的研究对象,通过对个案的深入研究,回答上述问题。

---

① 东南网.时代2011年百大人物证严上榜 被誉为"活菩萨"[EB/OL]. http://www.fjsen.com/b/2011-04/22/content_4369239.htm,2011-04-22.

二、研究意义

随着"全球性结社革命"的兴起,非营利部门①不仅在数量上获得了迅速的增长,而且所掌控的社会资源也在日益增加,成为与政府、市场并列的社会部门,其独特的使命和运行模式使其社会影响日益扩大。随着中国"总体性社会"②日益解构,国家开始"还权"于社会,非营利部门逐步获得了发展空间。宗教组织历来都是第三部门重要的组成部分。无论东西方社会,在福利国家建立以前,宗教界一直都是人类社会福利的重要供给者之一。我国的传统民间社会,各种公益活动,一般都以慈善的方式出现,其中蕴含着强烈的宗教道德理念。③ 随着社会组织在社会经济生活中的作用日益凸显,有关非营利组织发展等相关议题逐渐成为政府和学界关注的热点之一。NGO(非政府组织)逐渐成为一个跨学科的研究领域,集中了一大批来自政治学、管理学、社会学、经济学等相关领域的专家学者。他们对当代中国民间组织的内涵、类型、兴起与发展的动力机制、社会功能、基本特征、运行的制度环境、研究的理论背景、发展中遇到的困境、外部关系、

---

① 这种类型的组织在不同的文献中有着不同的称谓,如非营利组织、慈善组织、志愿组织、独立部门、第三部门、民间组织、社会组织、公民社会组织、非政府组织、免税部门。由于学术界对于这类组织的基本特质已有共识,本书将对这些不同的称谓等同使用,不再区分它们的类型、性质。

② 根据孙立平教授的观点,总体性社会是指一种结构分化程度很低的社会。在这种社会中,国家对经济以及各种社会资源实行全面的垄断;社会政治结构的横向分化程度很低,政治中心、经济中心、意识形态中心高度重叠;行政权力渗透于社会生活的各个领域,整个社会生活的运作呈现高度的政治化和行政化的特征。总体性社会的特征包括:国家动员能力极强,但民间社会极弱,社会生活的运转只能依赖行政系统;缺乏中间阶层的作用,国家直接面对民众,中间缺少缓冲;社会自治能力差,中间组织不发达,社会的自组织能力很弱。而"总体性社会"解构就是指国家对社会生活全面控制与垄断的终结,非国家主体开始参与社会资源的配置。经济上,表现为市场在经济资源配置中起到了基础性作用;在社会领域,表现为民间组织开始逐步得到恢复和发展,成为社会资源配置的重要主体。详见孙立平.总体性社会研究:对改革前中国社会结构的概要分析[J].中国社会科学季刊,1993(1).

③ 王顺民.当代台湾地区宗教类非营利组织的转型与发展[M].台北:洪叶文化事业有限公司,2001.

发展前景等诸多方面进行了深入的探讨。①但是,作为第三部门重要的组成部分——宗教组织,却被多数研究者排除在外。② 学界对于这种社会现象并没有给予充分的关注,对于这类组织的研究才刚刚起步,关于它们的研究成果尚付阙如。因此,对于宗教慈善的研究具有丰富的理论价值。

目前,在慈善研究领域,社会交换的研究较为缺乏。而社会交换是宗教慈善组织顺利运行的基础与保障。慈善组织只有从社会当中吸取资源,才能实现组织的可持续发展;同时,通过服务的输送,获得社会的认可与支持,为下一个社会交换打下基础。因此,对于佛教慈善组织社会交换的研究可以丰富慈善研究的内容。而慈善组织社会交换的一个基本前提就是构建合适的组织身份。组织身份是组织获得社会、成员认可的基础,组织身份的建构可以帮助佛教慈善组织获得合法性。在中国特殊的国情下,合法性在一定程度上意味着资源动员的能力,获得政治合法性可以获得政府相关政策的支持;获得社会合法性可以较为顺利地进行善款募捐。组织身份包括组织的名称、使命、组织文化等,是组织重要的构成要素,是组织运作的重要基础。在宗教尚属敏感领域的中国,佛教慈善组织所处的环境是不确定性的,它们之间的竞争日趋激烈。通过组织身份建构,宗教组织可以形成与外部环境之间的资源交换,形成社会合作网络,以获取各种资源,为组织服务输送提供物质、人力基础。本书在研究宗教慈善组织身份建构的基础上,探讨佛教慈善组织的社会交换,既可以扩大社会交换研究的应用领域,也可以为 NGO 研究提供新视角。

闽台两地同根同源,地缘相近、血缘相亲、文缘相承、法缘相循、商缘相

---

① 唐东生.近年来国内 NGO 研究述评[J].改革,2003(2);张平,张先科.近十年来国内民间组织发展的制度环境研究综述[J].学会,2008(3);王江江,张翠娥.近十年来我国民间组织研究综述[J].江汉论坛,2004(8);陆春萍,邓伟志.民间组织研究的多维理论视角析评[J].南京社会科学,2007(7);刘晓宁,刘求实.现阶段中国 NGO 组织扩展研究[J].学会,2005(4);唐斌.中国非营利组织研究述评[J].社会科学辑刊,2006(4);唐兴霖,周幼平.中国非政府组织研究:一个文献综述[J].学习论坛,2010(1);李晓明.国内外非营利组织研究述评[J].西北大学学报(哲学社会科学版),2007(9);秦剑.非营利组织的经济学分析:一个理论述评[J].河北经贸大学学报,2008(5).

② 如学者王名等主编的《民间组织通论》(时事出版社2004年版)中就明确将宗教组织和其他政党组织排除在民间组织研究的视野之外。

连。在海峡西岸经济区上升为国家战略以后,闽台之间的经济、文化、社会事业的交流空前活跃。闽台两地可以发挥互补优势,取长补短,获得共同的发展。台湾地区的宗教,特别是佛教,与福建地区一脉相承,很多寺庙都是福建地区的分庙。中华人民共和国成立前,台湾很多佛教寺庙都派僧侣来福建地区的寺庙"进修"。中华人民共和国成立后,海峡两岸处于对峙的状态,闽台之间的佛教文化交流也因此中断。台湾地区的佛教在赴台高僧的引导下,特别是在印顺法师"人间佛教"的指引下,获得了空前的发展。伴随着台湾经济的起飞,台湾佛教慈善事业也逐步获得了高速的发展,出现了像慈济、佛光山、法鼓山等一大批著名佛教慈善组织。台湾学界对佛教慈善的研究也取得了丰硕的成果。在NGO研究中,进行比较研究的相对较少,将大陆NGO与台湾地区NGO进行比较就更少了。本书以社会交换作为理论视角,探讨闽台两地不同佛教慈善组织在组织身份建构、资源动员,以及服务输送等诸多方面的异同,在动态分析闽台佛教慈善组织所从事的社会慈善公益活动的基础上,考察闽台两地佛教慈善组织的运作模式。希望通过闽台两地佛教慈善组织的横向比较,为大陆其他佛教慈善公益组织的发展提供一些启迪与帮助。

第二节 文献综述

由于我国慈善事业还处于发展初期,现有的慈善组织大部分都具有官方背景。学者们对这些组织的性质、运作的特点进行了深入研究,取得了一大批有价值的研究成果。[1] 但是,大陆的宗教类慈善组织处于边缘化的

---

[1] 孙立平.动员与参与:第三部门募捐机制个案研究[M].杭州:浙江人民出版社,2000;中国青少年发展基金会发展研究委员会.处于十字路口的中国社团:中国第三部门研究年鉴2000年[M].天津:天津人民出版社,2001;王颖,折晓叶,孙炳耀.社会中间层:改革与中国社团组织[M].北京:中国发展出版社,1993;田凯.非协调约束与组织运作[M].北京:商务印书馆,2004.

地位,学界的研究和探讨一直比较缺乏。台湾地区宗教慈善发展较为成熟,学界的研究也较为深入,且以个案研究为主,取得不少的学术成果。

一、大陆佛教慈善研究

为了改变宗教慈善研究匮乏的局面,从 2007 年开始,宗教界、学界与政界三方合作,先后在北京、厦门、西宁、广州召开了四次宗教慈善公益研讨会,希望推动宗教慈善的研究。但是,由于研究还处于起步阶段,学界有关宗教慈善的研究成果还比较少。在这仅有的少数研究中,学者更加青睐基督宗教慈善公益的研究,对于佛教慈善的研究关注就更少,而且研究主要集中在佛教慈善思想、佛教慈善史等传统哲学和史学领域,忽视了佛教慈善发展现状的实证研究。下面我们就对大陆佛教慈善研究做一个综述。

1. 佛教慈善思想研究

中国佛教伦理思想是佛教在中国历史发展过程中,融合中国本土文化思想与道德规范而形成的,是佛教慈善思想的基础,研究者在该领域取得了丰硕的成果。关于佛教慈善思想体系及其组成部分,有学者就指出中国佛教善恶报应论作为中国佛教伦理的理论基础,其印度之源、中土之流,与中国传统报应观和传统"承负说"相比,以其独特的内涵和理论特征,弥补了传统报应观理论上的局限,开启了中土劝善化俗的新思路。[①] 同时,佛教在其发展过程中,逐渐形成了"诸恶莫作,众善奉行"、"戒定慧"、"菩萨行"等丰富的、具有道德约束力的伦理思想,为僧众修行提供了伦理道德基础。故有学者指出,佛教的各种伦理道德思想特别是慈悲观是规约和指导佛教徒修行的道德原则,是佛教徒"去恶扬善、普度众生"的指明灯。[②]

另外一些学者认为佛教慈善思想是中华传统慈善思想的重要来源之一,指出佛教在中土的发展中一直伴随着对现实生活至善的追求并与传统

---

① 王月清.中国佛教善恶报应论初探[J].南京大学学报(哲学·人文·社会科学),1998(1).
② 业露华.中国佛教伦理思想[M].上海:上海社会科学院出版社,2000.

伦理不断融合,使得中国佛教慈善观乃至劝善理论特别丰富,这也大大加快了佛教慈善理论中国本土化的进程,为发挥其社会功能奠定了基础。① 同时,中国佛教伦理思想中的中土之流主要是儒家思想,它对佛教伦理思想其他部分,比如人生观、戒律观、孝顺观在不同时期的形成与发展有着重要的推动作用。② 还有学者则认为,佛教并没有一个与"慈善"直接对应的概念,不过佛教有一个类似的核心概念,就是布施。可以说,佛教的布施观包含了佛教慈善的本质。③

慈悲是佛教文化的重要理念,被视为佛道的根本。有学者认为,慈悲理念的哲学基础是"缘起论",慈悲思想的含义简言之为"与乐拔苦",其善行要点为布施、不杀生,其神格形象为阿弥陀佛、观音菩萨、地藏菩萨,其内在的本质为解脱众生、成就佛果。慈悲理念的现代意义包括,有助于国民素质的提升、有助于维护世界和平和人类安全、有助于生态平衡与经济可持续发展。④ 还有的学者研究了佛教慈善伦理思想在现代社会,特别是构建和谐社会中的作用,指出佛教的平等观念、慈悲利他观念、戒杀护生理念、明心见性人文关怀、重孝的家庭观念在现代社会具有缓和人与自我、人与他人、人与自然矛盾的作用,它鼓励人们抑制自我的利己主义和享乐主义,鼓励人们扶危济困与造福社会。⑤ 此外,一些学者还探讨了佛教伦理对于生态环境保护的作用,并提出了心灵环保的理念,这是佛教慈善思想的重要发展与补充。⑥

---

① 王卫平.论中国古代慈善事业的思想基础[J].江苏社会科学,1999(2);周秋光,徐美辉.道家、佛教文化中的慈善思想[J].道德与文明,2006(2);周秋光,曾桂林.中国慈善思想渊源探析[J].湖南师范大学学报,2007(3).
② 王月清.中国佛教伦理研究[M].南京:南京大学出版社,1999.
③ 张映伟.大乘佛教的慈善观及其现代意义[J].中国宗教,2009(8).
④ 方立天.中国佛教伦理的社会意义[J].伦理学研究,2004(1).
⑤ 姚卫群.佛教伦理思想与现代社会[J].北京大学学报,1999(3);王月清.论中国佛教伦理思想及其现代意义[J].南京大学学报(哲学·人文·社会科学),2002(5);方立天.中国佛教慈悲理念的特质及其现代意义[J].文史哲,2004(4).
⑥ 魏德东.佛教的生态观[J].中国社会科学,1999(5);刘东山.试析佛教的"心灵环保"思想[J].福州大学学报(哲学社会科学版),2004(3);缪方明.注重"心灵环保"的当代人间佛教:圣严法师人间佛教思想之探析[J].宗教学研究,2006(1).

2. 佛教慈善史研究

佛教由印度传入中土有近2000年的历史,其在佛教慈善思想指导下的社会慈善公益事业从汉代至今绵延不绝。在20世纪初,有学者就初步探讨了中古时期(约3—9世纪)中国佛教寺院经济中的济贫救灾慈善事业。① 在当代,也有学者撰文探讨了魏晋南北朝时期佛教慈善事业。② 他们认为魏晋南朝时期出现的佛寺慈善机构对后世,特别是唐宋的佛教慈善事业的发展有着重要的影响。佛教在隋唐时期极为兴盛,佛教寺院经济获得空前发展,寺院和佛教的僧人参与到社会公益事业中,主要包括救灾济贫、行医施药、保护生态、关心行旅等,对当时的社会风气产生了有益的影响。③ 同时唐代也是我国历史上慈善事业的重要发展时期,许多重要的慈善机构都是从唐代肇始,病坊就是其中之一。作为收容贫病平民和乞丐的慈善机构,它是由佛教中类似的组织发展而来的,其经办权在官府与佛寺之间反复更迭,反映出唐代统治者对佛教既利用又斗争的事实。④ 宋代佛教寺院及其僧侣积极参与官办慈善机构的管理。有学者就指出,宋代"在各种政府性救济中,往往离不开僧人的参与;在民间慈善方面,僧人往往有着更为突出的贡献。如政府及私人赈济的组织工作、服务工作,多有僧人的参与;各种官办和私立的济贫机构中的服务人员,多由僧人充任;尤其是医疗方面,无论何种恶疾,僧人往往以身任之,贡献殊多"⑤。另有学者也指出,宋代设置的官方慈善机构,如居养院、安济坊、慈幼局、漏泽园等机构

---

① 何兹全.中古时代之中国佛教寺院[M]//何兹全主编.五十年来汉唐佛教寺院经济研究.北京:北京师范大学出版社,1986;全汉升.中国佛教寺院的慈善事业[M]//何兹全主编.五十年来汉唐佛教寺院经济研究.北京:北京师范大学出版社,1986.

② 周兆望,蔡定益.魏晋南朝慈善事业初探[J].南昌大学学报(人文社会科学版),2004(7);周兆望,蔡定益.论北朝的慈善事业[J].南昌大学学报(人文社会科学版),2005(3).

③ 王晓丽.浅谈隋唐佛教寺院的公益活动[J].烟台师范学院学报(哲学社会科学版),2005(5).

④ 杜正乾.唐病坊表征[J].敦煌研究,2001(1).

⑤ 张文.宋朝民间慈善活动研究[M].重庆:西南师范大学出版社,2005.

都有僧众参与管理。① 还有学者考察了宋朝末年因国力衰微而兴起的江南地区的民间慈善事业，其中，佛教寺院是从事慈善事业的主要宗教组织。②

至元代，佛教慈善一度消沉，明代则有所恢复。有学者指出，佛教在此时期除了承担着赈济因各种自然灾害而产生的难民、贫民的职责之外，寺院还参与了大量社会公益事业的供给，包括养济堂、饭堂、粥厂、修桥造井等；而且佛教慈善思想的传播还改善了社会风气，形成了民间乐善好施的习俗，改善了人心。应该说，这是更深层意义上的救度，也是佛教救济与普通社会救济最大的不同之处。③ 清代佛教参与慈善的研究成果较少，有的学者研究了并非纯佛教性质的慈善组织，如放生会等民间慈善组织的活动。④ 佛教发展至近代，处于生死存亡之边缘，为了应对时代的挑战，复兴佛教，佛教界有识之士对佛教的弊端进行了改革，而其中措施之一就是复办佛教慈善事业。圆瑛大师是这方面的先驱之一，其兴办的泉州开元寺慈儿院在近代慈善史上占有重要地位。⑤ 近代佛教居士在慈善事业中也扮演重要的角色。他们的主要活动包括针对社会的传统慈善服务、临时性的灾民救济、战时救助和兴办慈善教育等⑥，其独特的组织形式、慈善功能、资金运作模式，可以为当代民间宗教组织的完善提供一定的参考。

3. 佛教慈善组织研究

目前，宗教界在我国慈善事业的发展中扮演着重要的角色，佛教界尤为突出，学界有关佛教慈善组织的研究取得了一定的成果。有学者认为大陆佛教的慈善事业的内容大致可以分为扶贫济困、捐资助学、医疗救助、护生环保与文化事业五个方面；其组织类型包括专门成立的佛教公益组织，

---

① 王卫平.唐宋时期慈善事业概说[J].史学月刊,2000(3).
② 庄书峰,谭书龙.宋代江南地区慈善事业研究[J].安徽史学,2006(6).
③ 王红蕾.明代佛教的社会救济、公益事业及其现代启示[EB/OL]. http://www.foyuan.net/plus/view.php? aid=72858,2009-09-24.
④ 陈宝良.中国的社与会[M].杭州:浙江人民出版社,1996.
⑤ 王荣国.圆瑛法师与泉州慈儿院[J].宗教学研究,2005(1).
⑥ 唐忠毛.作为民间慈善组织的近代居士佛教:以民国上海佛教居士林为例[J].上海师范大学学报(哲学社会科学版),2008(11).

长期从事社会公益时间较长或规模、影响较大的佛教协会、寺庙,"随缘参与"型佛教组织三种①。有的学者则是以福建为例把佛教慈善组织分为"救济型慈善"、"服务型慈善"和"宗教教育型慈善"三种类型,并且比较了这三种类型佛教慈善组织的运行机制及各自优势与特点,从而揭示了福建佛教慈善公益事业发展的基本状况。② 上海的佛教居士一直有从事公益慈善的优良传统。有学者研究了上海"佛教民间慈善活动",即佛教居士自发组织的慈善活动。③ 这些活动既有成员间的互利互助,也有社区内的扶贫济困,包括救助重病儿童、救助返沪知青、整修水井、修通山路等;"念佛小组"的慈善活动在城乡信徒之间起到了"信仰价值导向"的作用,获得了所在社区,以及相关媒体的积极评价。另有学者研究了上海企业家佛教居士的慈善活动④,其指出这些居士的慈善活动,一方面是基于佛教伦理及其对"慈悲功德"的肯定,从而能够满足佛教徒信仰实践的需求;另一方面则可以使他们按照自己的行动逻辑,参与当代中国的社会福利事业,尤其是由企业家佛教徒组成的"信仰共同体",探索出更为丰富的社会福利供给模式,其所呈现的"制度化行善",扩大了受益者的范围,提高了福利供给的效率。

除了民间佛教居士慈善外,佛教寺庙也是慈善组织的重要组成部分。相关学者的研究一般以个案分析为主。南普陀寺慈善基金会是大陆最早成立的佛教慈善基金会之一,一些学者探讨了该基金会的实际运作过程,指出其资源输入的社会基础,并总结了其成功的经验,认为其运行模式对

---

① 张云江.中国当代佛教的公益事业[M]//张士江,魏德东.中国宗教公益事业的回顾与展望.北京:宗教文化出版社,2008.

② 邓子美,等.大陆佛教慈善公益组织类型探析:以当代福建之典型基金会为中心[C]//"教育与宗教慈善暨第三届宗教与公益事业论坛"论文集,2009.

③ 刘元春.佛教民间慈善活动的特点与影响:上海"耀华路念佛小组"慈善活动纪实[J].世界宗教研究,2006(4).

④ 高虹.佛教慈善事业与社会福利问题研究:以上海佛教信仰实践为例[J].甘肃社会科学,2010(3).

大陆佛教慈善组织具有一定的借鉴意义。①还有学者对河北慈善功德会进行了研究,诠释其"喜舍行愿门"的慈善理念,对该会的慈善公益活动进行了介绍,指出该会的理论与实践符合大陆人间佛教的走向,得到了广大信众的支持,是大陆佛教走向"公益化"与"社会化"的一个范例。②。学者宋跃华以广州光孝寺为例探讨了寺庙慈善事业可持续发展问题,③他认为按佛教教义及管理学原理,以饶益、随顺众生为特色的寺庙慈善行为,满足了社会中的个体及群体的部分需求。因此,慈善行为也就成为寺庙这一非营利组织存在乃至发展的前提。宋跃华还指出当今寺庙的慈善行为以因袭传统为特质,所满足的大多是那些不随社会变化而变化的需求;满足需求的手段,也以传统的财布施为主;因袭传统的慈善,或许可以维持寺庙的生存现状;若要实现可持续发展,则需探究众生在现时代的特有需求,在此基础上开发技能满足之。

二、台湾佛教慈善公益研究

当代台湾佛教发展极为兴旺,对台湾的社会经济生活影响极其深远。台湾佛教团体兴办大量学校、医院、慈善公益机构,有效地解决了社会弱势群体对基本公共服务的需求。这种现象引起台湾学界的极大关注。学者王顺民将台湾本土宗教慈善(主要是佛教慈善)与西方基督慈善进行了比较,发现它们二者之间呈现出不同的发展模式④:西方基督宗教团体福利服务的发展模式经历了"传统慈善的发展阶段"(主要提供医疗、教育服务)、"转型的发展阶段"(主要提供残障、劳工、咨商服务)、"多元的发展阶

---

① 邓子美,等.南普陀寺慈善事业基金会运作模式调查[C]//"灾难危机与佛教慈善事业暨第二届宗教与公益事业论坛"论文集,2008;朱贻强.福建厦门南普陀寺慈善会社会基础略析[M]//张士江,魏德东.中国宗教公益事业的回顾与展望.北京:宗教文化出版社,2008.

② 张文良.河北佛教慈善功德会的理念与实践[M]//张士江,魏德东.中国宗教公益事业的回顾与展望.北京:宗教文化出版社,2008.

③ 宋跃华.关于寺庙慈善事业可持续发展的探讨:以广州光孝寺为例[J].宗教学研究,2010(2).

④ 王顺民.宗教福利[M].台北:亚太图书出版社,1999.

段"(多元化服务)三个阶段;而本土宗教在20世纪80年代以前,基本上处于"传统慈善的发展阶段"(主要提供老人、医疗、儿童服务),80年代以后才进入"转型发展阶段"(主要提供医疗、教育服务)。这种状况是多种因素共同作用的结果,比如社会经济的宏观环境、政府相关的福利政策,以及民间社会力量的释放等。但是,台湾本土宗教福利服务之所以会遵循西方宗教原有的发展模式,更多的是因为慈善本身发展规范性的要求,迫使本土宗教组织必须改变自身以适应这些要求。但还有一些学者研究发现,台湾本土宗教慈善的发展并没有完全跟随西方宗教的发展模式。比如学者瞿海源就认为台湾本土性宗教虽然积极参与慈善公益事业,但是,这些慈善事业仍然摆脱不了传统寺庙依附的特性,呈现出零散、被动的特点,宗教本身成为台湾本土宗教慈善发展的限制因素。① 为了促进台湾佛教慈善事业的健康发展,有学者提出要充分发展寺庙经济,使得寺庙公益有长久的保障,这就要求宗教组织必须像企业那样来管理和运营慈善福利事业,从而使宗教慈善事业走上专业化的道路。② 但是,有些学者担心,宗教慈善事业走向市场化后,宗教慈善组织从"非营利"走向"营利",这对于宗教组织而言未必是一件好事。③

　　慈济作为当代台湾地区最大的佛教慈善团体,一直是学界研究的焦点。学者丁仁杰以慈济为个案研究了台湾社会脉络中的助人行为,从而归结出慈济成功的三个因素:社会环境的因素、过去宗教与文化传统的影响,以及领导人或"组织代理人"的创新等。④ 社会环境因素包括台湾快速的经济成长,以及政治的"解严"为慈济的发展提供了社会基础;华人社会中儒家"仁"的伦理以及佛教的"功德观"使得慈济的发展有了深厚的东方文

---

① 瞿海源.台湾宗教变迁的社会政治分析[M].台北:桂冠图书股份有限公司,1997.
② 周庆华.宗教"现代"化的社会福利事业方向[C]//郑志明.宗教与非营利事业.嘉义:南华大学宗教中心,2000;张世雄.志业主义、志愿主义、专业主义与管理主义:从宗教慈善到非营利事业[C]//郑志明.宗教与非营利事业.嘉义:南华大学宗教中心,2000.
③ 郑赞源.非营利组织与管理的研究对宗教组织定位、策略与管理的意涵[C]//郑志明.宗教与非营利事业.嘉义:南华大学宗教中心,2000.
④ 丁仁杰.社会脉络中的助人行为:台湾慈济功德会个案研究[M].台北:联经出版有限公司,1999.

化土壤;同时,证严法师的个人魅力和慈济有效的志工团体架构创新也是慈济成功必不可少的因素。而学者江灿腾则将慈济的成功归结为四个因素:"盖一座不必缴保证金的医院",使得慈济获得社会极大的回应;陈慧剑《证严法师的慈济世界》的无声宣传使得慈济为社会公众所熟悉;绝对清晰的账目奠定了证严法师在台湾道德楷模的地位,无形之中提高了慈济的社会号召力;媒体资源丰富,使得慈济效应所向披靡。① 而有的学者专门探讨了慈济成功的管理模式,包括:领导者制定了明确的组织使命、慈济组织设计有利于知识的创造、组织内隐知识与外界知识并重的企业文化、灵活运用现代工具与技术;成功地把捐助者转化为贡献者;追求顾客满意等。② 美国波士顿大学魏乐博(Robert P. Weller)教授认为将慈善作为公益的新观念是直接从佛教里得来的,具体来说是由慈济基金会发展而来的。他认为慈济的成功为台湾地区乃至整个华人社会的慈善公益事业做出了巨大的贡献,成为其他组织竞相效仿的对象。③ 而慈济的影响不仅是因为它是其他宗教组织模仿的对象,更在于其道德上的巨大感召力,为台湾乃至整个华人社会带来了一股清流,使之成为华人社会重要的道德标杆。究其原因,慈济创建者证严法师所具有的以德服人的领袖风范,"为佛教、为众生"的奉献精神,以及其从事的入世工作,都成为感召数百万人从事慈济义务工作的精神源泉;证严法师以世间法说佛法,所创立的慈济志业为广大信众提供了修习善法的法门,其研修的内容与中国传统道德相契合。这样使得慈济的大爱精神在华人社会乃至全球得以广泛传播。④ 此外,有的学者则从行销的角度来检视慈济所采取的行销手法,包括品牌行销(证严法师的个人魅力及慈济救灾的鲜活形象)、差异性行销(从义诊及医疗服务着手)以及透过设计来传达顾客价值(每月百元来救人世),其多元化的行销

---

① 江灿腾.台湾佛教史[M].台北:五南图书出版公司,2009.
② 王士峰,等.非营利事业管理模式之研究:佛教慈济功德会实证[C]//郑志明.宗教与非营利事业.嘉义:南华大学宗教中心,2000.
③ 魏乐博.中国社会的宗教和公益[J].北京大学学报(哲学社会科学版),2009(7).
④ 卢蕙馨.台湾佛教慈济功德会的道德意义[C]//"中国佛教思想文化学术研讨会"论文集,1992;王端正.慈济经验对道德重整的启示[M]//释证严.慈济年鉴(1992).台北:慈济文化出版社,1993.

手法与世俗化的组织类似,对其他宗教慈善组织具有重要的参考价值。①

三、简短评论

目前,非营利组织的研究处于快速成长的阶段,国内外学界取得了丰硕的研究成果。但是,有关宗教慈善的研究还不尽如人意,与台湾地区等相比,大陆宗教慈善的研究还不够成熟,还有许多值得加深和拓展的地方。

1. 大陆宗教慈善研究重历史,轻现实

目前,大陆宗教慈善研究在慈善思想与历史领域取得了丰硕的研究成果,出版了一大批有影响的学术著作。但是,有关宗教慈善现状的研究一般都是描述性的,在学界有影响的研究成果不多;有关慈善组织的研究亦缺乏理论基础。

2. 宗教慈善组织的实证研究有待加强

目前从学界关于宗教慈善的研究现状可以看出,我国学者对宗教慈善的研究侧重从政治、社会变迁的角度,从国家与社会的宏观关系角度进行研究,其研究结果都比较缺乏经验支持和实证依据。

3. 宗教慈善组织比较研究缺乏

宗教慈善的发展是世界范围内的一种现象,大陆学界的研究视野一般局限于大陆相关领域的研究,对港澳台地区宗教慈善组织的研究较少,将大陆与台湾、香港宗教慈善组织进行比较研究则更少。本书关于宗教慈善组织的比较实证研究将填补这一领域的空白。

---

① 梁斐文.宗教型非营利组织行销策略研究:以慈济功德会为例[J].社区发展季刊,2005(112).

第一章 绪 论

第三节 理论基础

社会交换是当今西方比较流行的社会学派之一,它是在行为主义心理学、现代人类学和古典经济学影响下发展起来的。它使得西方社会学的研究开始从微观领域重返到宏观领域,被广泛应用于政治学、社会学、管理学的研究中。本节我们将在分析社会交换理论基本发展脉络的基础上,重点阐释布劳的社会交换结构论,详细说明本书对社会交换理论的应用与发展。

一、社会交换理论的基本发展脉络[①]

社会交换理论(Social Exchange Theory)兴起于20世纪50年代的美国。社会交换理论最初是针对结构功能主义提出的,在理论和方法上具有实证主义、自然主义和心理还原主义的倾向。它强调对人和人的心理动机的研究,批判那种只从宏观的社会制度和社会结构或抽象的社会角色上去研究社会的做法;在方法论上倡导个人是社会学研究的根本原则;认为人类的相互交往和社会联合是一种相互的交换过程。它是"功利主义经济学、功能人类学、冲突社会学以及行为心理学的混合物"[②]。社会交换理论的基本观点是:行动者是理性的;理性的行动者为了获得基本的需求而同其他行动者发生交换性的互动关系;行动者包括自然人、群体和社会组织;满足交换行动者需求的一切物质与行为都是社会交换的内容,这就是所谓的"报酬"。社会交换理论主要强调人类的理性主义,以及对相对利益的考

[①] 本部分有关社会交换理论的基本发展脉络参考中国大百科.社会交换论[EB/OL]. http://ecph.cnki.net/Clearread.aspx? itemid=52187&vol 2009-11-8.

[②] 乔纳森·特纳.社会学理论的结构:上[M].北京:华夏出版社,2001:259.

量,由行为主义观点切入考察人的决策以及行为过程,被广泛地应用于社会学、管理学、经济学、政治学的研究中。

　　社会交换理论的基本研究范畴包括价值、报酬、公平、正义、代价等,比较有代表性的流派包括霍曼斯的人际交换论、布劳的交换结构论等。霍曼斯是交换理论的创始人。他提出了一组普遍性命题,包括成功命题、刺激命题、价值命题、剥夺与满足命题、攻击与赞同命题。霍曼斯将这5个命题看成是一组"命题系列",强调它们之间相互联系的重要性,并认为只要将这5个命题综合起来,就能够解释一切社会行为。布劳的交换理论是从社会结构的原则出发考察人与人之间的社会交换过程,其理论目标既想克服功能主义忽视研究人的理论缺陷,又想弥补霍曼斯理论只局限于微观层次方面的不足。布劳的理论方法是从描述交换过程及其在微观层次上的影响开始,再从群体层次上升到制度与社会的宏观层次。他认为,社会交换存在于关系密切的群体或社区中,是建立在相互信任的基础之上的。社会交换是一种有限的活动,它指个人为了获取回报而又真正得到回报的自愿性活动。布劳的社会交换理论从微观到宏观,系统地追溯了交换现象的各种发展过程及其影响,从而形成一种归纳过程取向的社会结构理论。继布劳之后,其他学者继续发展和充实了交换理论的理论体系。

二、布劳社会交换结构论的基本观点①

　　布劳将其交换理论的研究重点放在了社会结构上。在他看来,社会结构就是指人们在社会交换行为中结成的各种社会关系,包括参与交换的人与人之间、人与群体之间以及群体与群体之间的关系。社会结构包括微观结构与宏观结构两种,前者是指起源于个体对社会报酬期待而产生的交换,后者是由群体之间组成的结构,分析的对象是群体,而不是个人。在布

---

① 本部分有关布劳交换结构论的论述参考了特纳的《社会学理论的结构》(上)第21章"成熟的传统(二):布劳的辩证方法",以及刘少杰主编的《国外社会学理论》第10章"布劳的结构交换论"中关于布劳社会交换理论的相关论述。详见乔纳森·特纳.社会学理论的结构:上[M].北京:华夏出版社,2001:283-295;刘少杰.国外社会学理论[M].北京:高等教育出版社,2006:131-142.

劳看来，人与人之间、群体之间交换形成的动力就是相互之间的"社会吸引"，它是社会交换的起始环节。

布劳认为微观领域的社会交换包括四个阶段："吸引—竞争—分化—整合（冲突）。"①吸引，即人们从事社会交换是因为他们知道会得到报酬（即理性原则）。有了社会吸引，在各个行动者遵循互惠原则的基础之上，人们愿意为所得报酬提供必需的成本（回报），这时候人与人之间的互动关系就建立起来了，真正的社会交换也就开始了。②竞争。竞争是促进社会交换发展的重要推动力。布劳指出，人与人之间的竞争，促使人们尽可能地展现出自己所能提供的报酬，迫使他人按照互惠的规范，甚至更高的报酬作为回报。③分化。由于交换各方所拥有资源的多寡、质量高低存在着不均衡，交换的结果必然会出现分化，那些占有较大价值资源的人，在社会交换中占有优势地位，必然会成为社会交换的胜利者，顺利实现社会交换，那些资源缺乏者必然不能够实现自身的交换回报。布劳指出，报酬有四种等级：金钱、社会赞同、尊重或尊敬、服从。布劳以此对社会交换的分化种类进行了区分，并且认为服从是一种最高价值等级的报酬。当资源贫乏者以服从换取他人的资源时，处于强势地位的资源拥有者就获得了权力。④整合（冲突）。布劳认为，群体中的权力分化造成了两股相互冲突的力量的两种倾向：整合的倾向；对立和冲突的倾向。布劳认为，权力的分化虽然造成了潜在的冲突，但是，这种潜在的可能性被一系列将权力变成权威的力量所控制，亦即在社会交换过程中，处于不对等地位的双方，以服从和资源作为交易内容，以获得自身所要的报酬；亦即处于弱势地位的一方以服从换取资源，而处于强势地位的人以自己所提供的资源获取对方的服从。于是，群体中就形成了较为稳定的权力结构。那些拥有权力的人，通过社会交换将权力转换为权威，取得了他人对权力的一种认可，获得了群体的合法性。这时候，群体中的个体只要按照角色行事，就能获得较好的报酬，从而实现了群体的制度化。但是，如果群体内部的报酬结构发生了变化，或者群体成员改变对报酬的期望值，那么原有的报酬如果没有发生变化的话，他们就会以为对方在社会交换中没有履行互惠原则，于是产生了剥夺意识，这时候权威就会向权力转化，群体内部的冲突就会发生。处于弱势地位的群体就会消极抵制，或者采取报复措施。

布劳从微观领域概括出来的社会交换过程同样适合于宏观社会领域。在布劳看来,"宏观结构的动力在于,子结构内部和子结构之间社会力量的多方面的相互依赖"①。以此,布劳将社会组织假定为宏观结构中最为重要的子结构,并以此作为社会交换的主体来分析宏观社会结构中社会组织层次的交换,它们之间也是吸引、竞争、分化、整合(冲突)的关系。在布劳看来,一个社会组织必须从其他组织那里获得报酬。这样就创造了一种情境,在那里,社会组织之间可以相互吸引,相互竞争。同个人竞争的结果类似。在一些行业和领域中,就会产生成功的组织和不太成功的组织,它们之间出现了明显的分化现象。这种分化在各个领域里不太成功的组织寻找新的资源时,在它们之间就产生了专业化,亦即社会组织间的竞争导致了宏观结构领域的分化与专业化。同样的,社会组织间的交换关系也必须以"共享的价值观"②作为其交换媒介,也需要形成能够约束这种交换关系的稳定的社会规范。而这些就需要独立的政治组织来管理它们之间的交换,还需要法律来规范这种交换关系。于是,社会组织之间的整合,不可避免地产生了冲突,并且,这种冲突的矛头直指政治权威。它们会组成联盟以抗拒这种交换模式。在布劳的理论中,微观领域与宏观领域是相互贯通的,它有效地解决霍曼斯微观交换主义与帕森斯宏观结构功能主义之间的冲突,实现了社会交换理论解释宏观社会关系的夙愿。

此外,任何领域的社会交换都必须遵循一系列的基本原则。这些原则包括:①理性原则。人们在从事某种行动时,越是期望从对方那里获得更多的报酬,就越有可能从事这种活动。②互惠原则。人们之间交换的报酬越多,越有可能产生互惠的义务,以此来支配以后人们的交换;越是违反交

---

① 转引自乔纳森·特纳.社会学理论的结构:上[M].北京:华夏出版社,2001:291.
② 布劳认为微观领域的社会交换过程与宏观领域的社会交换过程还是有区别的。这是因为,在宏观社会交换网络中,不仅有人与人之间的直接交往,也包括群体与组织间的间接交往。同时,布劳认为,个人间基本交换的"人际吸引"到了宏观层次被"共享价值观"替代了。这些价值观可以称为"社会交换的媒介",它们为从事社会结构及其个体成员间复杂的间接交换链,提供了一套共同的标准。这套标准为社会交换各方提供了有效的交换媒介,使得人们可以根据社会公认的预期的报酬、互惠性、公平交换等原则从事社会交换,从而保证了宏观社会交换中的稳定性、一致性。

换关系中的互惠义务,被剥夺者就越倾向于消极制裁违背规范的人。③公正原则。人们建立的交换关系越多,就越有可能受到"公平交换"规范的制约;在交换中,越是不能实现公平规范,被剥夺者就会越倾向于消极地制裁那些违背规范的人。④边际效用原则。人们从事某一特定行为得到的期望报酬越多,则该行动的价值越小并且越不可能从事此活动。⑤不均衡原则。在社会单位中,某些交换关系越是稳定和均衡,其他交换关系就越有可能变得不均衡和不稳定。

布劳的结构交换论是在综合了霍曼斯的微观社会交换理论、冲突理论、功能主义结构论基础上形成与发展的。布劳在阐释制度与共享价值观中关于现存制度培育了毁灭自身种子制度的思想,揭示了社会制度演变的动力机制,具有重要的意义。布劳的思想中仍然存在着行为主义心理学的影子,理性人的假设贯穿其理论始终。同时,布劳通过预设"共享价值观"作为社会宏观结构交换的中介,但是,他没有进一步探讨这些共享价值观产生的社会根源。布劳通过社会交换理论分析,揭示了社会不平等的来源,以及发展趋势,但是,他没有找到消灭这种社会不平等的有效方法。这正是他理论的局限性所在。

三、佛教慈善组织的社会交换

社会交换理论是社会学研究中系统性比较强的一个理论分支,有关它的研究和应用也比较丰富。但是,有关慈善组织领域的研究还比较缺乏。在有关组织领域(特别是企业)的社会交换研究中,一些学者在进行有益的尝试,取得了一定的研究成果。[①] 这些研究成果丰富了组织社会交换的研究内容,拓展了社会交换在中国本土的研究领域。然而,这些研究内容并没有涉及慈善组织社会交换的研究。还有一些学者对非营利组织的社会

---

① 李正彪.企业成长的社会关系网络维度研究[J].经济问题探索,2003(2);解丹琪.用社会交换理论完善企业激励机制[J].现代经济探讨,2004(5);梅鹏军.论社会交换关系中的企业收益[J].商业时代,2004(12);周明建,宝贡敏.组织中的社会交换:由直接到间接[J].心理学报,2005(37).

交换进行了专门性的研究。① 但是,这些研究或是停留在理论层面上,或是研究的对象是非营利组织,并没有说明慈善组织的运作模式。这说明社会交换在慈善、慈善组织领域的研究还有比较大的空间。

在现代社会当中,任何一个组织都是这个社会大系统中的一分子,都依赖于其他组织的互动才能实现组织的良性运作。一般来说,学界将社会分为三个部门:政府、企业和非营利组织。它们社会生存的基础各不相同,政府以强制性税收制度作为其生存基础,企业以利润作为生存之道,而作为第三部门的非营利组织,其既无强制性的税收为其提供资源基础,也不能以利润作为其发展之道。社会交换是其生存的基础和保障。慈善组织如果想通过社会交换,获取其生存和发展所需要的各种资源,必须在社会交换过程中提供对方所需要的各种报酬。社会中三个部门之间在社会交换中所提供给对方的报酬是各不相同的:政府在社会交换过程中提供给对方的报酬是良好的公共服务;企业给对方的报酬则是优质的产品;非营利组织给予社会捐赠者的报酬则是某种心理程度的满足感等其他非物质性的东西,而给予社会的报酬则是其社会服务。除此之外,社会上的任何一个部门都必须通过其自身的资源获取社会的认可与支持。这是现代社会中组织的生存之道。慈善组织尤为如此。

通过以上的分析,我们认为佛教慈善组织的社会交换就是佛教慈善组织以自身的优势资源,向社会交换其组织生存和发展所需的社会资源的社会行动。慈善组织对外界的资源有着极大的依赖性,其运作离不开外界资源的持续输入。资源一般是指组织赖以生存与发展所需要的各种条件的总和。佛教慈善组织生存和发展所需的资源包括:有形的资源,即物质资源(实物与资金)与人力资源(志工与员工);无形的资源,即组织合法性。通过佛教慈善组织所需要资源的种类,我们将其社会交换分为微观领域的社会交换与宏观领域的社会交换两类。它们之间有着重大的差别。首先从社会交换的主体来看,在微观领域,同佛教慈善组织进行交换的主体是

---

① 李姿姿.社会团体内部权力与交换关系研究:以北京市海淀区个体劳动者协会为个案[J].社会学研究,2004(2);毕文芬,秦启文.基于社会交换理论视角分析企业的公益慈善事业[J].无锡商业职业技术学院学报,2009(6);刘丽,殷晓旺.社会交换理论视角下的大学生体育赛事志愿者行为分析[J].体育成人教育学刊,2010(6).

第一章 绪　论

单个捐赠者(包括志工、个体捐赠者,以及机构捐赠者);而在宏观领域,同佛教慈善组织进行交换的主体包括政治子系统、社会公众、佛教信众。其次,从社会交换的报酬来看,在微观领域,捐赠者给予佛教慈善组织的"报酬"是人力或款物;而在宏观领域,社会给予佛教慈善组织的"报酬"是组织合法性。再次,从竞争主体来看,在微观领域,竞争主体是捐赠方,包括佛教慈善组织志工之间以及个体捐赠者之间的竞争等。在宏观领域,社会交换的竞争主体是佛教慈善组织。

社会交换中的任何一方,都必须向对方展示通过交换可以获得的报酬。佛教慈善组织从事社会交换的目的在于获得自足生存与发展所必需的各种资源,它们必须在社会交换中展示自身各种优势资源,亦即任何资源的取得都不是无代价的。宗教慈善组织与其他非营利组织的重要区别,在于其组织使命具有宗教色彩。宗教教义可以满足人们某些心理需要,比如积功德、赎罪等。可以说宗教慈善组织通过社会交换,即满足社会大众的某些需求,进而实现其服务社会,保证组织可持续发展的目的。宗教慈善组织在慈善活动中起到媒介的作用,通过其独特的宗教背景(包括教义、礼仪、法会、祈祷)从社会吸纳资源,而后通过组织本身的力量,为社会提供慈善公益服务,从而完成一个社会资源循环的过程。在这个过程中,实现了社会共赢的局面:社会公众(包括企业)的某些需求得到了满足、宗教慈善组织获得了发展(包括其母体宗教组织)、受益群体获得了所需的各种服务(包括有形的物质与无形的精神抚慰)。因此,在微观领域的社会交换中,佛教慈善组织给单个捐赠者提供的报酬就是某种心理方面的满足,包括积功德、荣誉、成就感等非物质性的报酬;给政府部门的可能是代其生产公共服务,或是为其履行社会责任提供了一个平台;给企业则是提供了一个公益营销的平台,提高了企业的社会美誉度等。在宏观领域,佛教慈善组织提供给全社会的报酬就是为社会弱势群体提供的公共服务,维护社会的公平正义、促进社会和谐,推动社会文明的进步与发展。这也就是布劳所说的"共享的价值观"。佛教慈善组织通过组织运作,为社会带来的"善"的种子与理念,提升了社会的道德水平。

佛教慈善组织在社会交换过程中,也会产生激烈的竞争。那些拥有优势资源的佛教慈善组织往往能够在竞争中处于优势地位,获得较好的发展；而那些处于弱势地位的佛教慈善组织则必须重新为组织寻找资源，以维持组织的生存与发展。这时候，社会交换通过竞争就促进了佛教慈善组织的分化，产生出合法性高低不同的组织。本书拟以社会交换为理论视角，探讨闽台两地佛教慈善组织在组织运作方面有何异同；更借助于社会交换理论，来分析闽台两地佛教慈善组织在志工动员、筹资、服务输送，以及获取社会支持和社会信任等方面有何异同。期待通过理论的分析与阐释，一方面能够丰富社会交换理论的研究，推动社会交换理论的发展；另一方面通过比较，总结闽台两地佛教慈善组织的运作经验，为大陆其他类型的慈善组织（包括佛教自身）运作提供一些可供借鉴的经验。

第四节 研究框架

一、研究对象

本书以闽台两地的宗教性非营利组织作为研究对象，由于宗教非营利组织涵盖的范围较广，其组织规模亦不同，受时间、经费、人力等因素的限制，在研究对象选取方面，本书采取立意抽样的方式进行。立意抽样的逻辑与效力在于选取信息丰富的个案做深度的质性研究，且这些个案中的信息含有研究者所需要的各种内容。根据上述原则，本书选取台湾佛教慈济基金会、厦门同心慈善会、厦门南普陀寺慈善会作为研究对象（如表1-1）。

表1-1 本书选取的研究对象简介

研究对象	台湾佛教慈济基金会	厦门同心慈善会	厦门南普陀寺慈善会
创办人	证严法师	广普法师	妙湛法师
成立年份	1966年	1999年	1994年
组织宗旨	为佛教，为众生	养护心灵，关怀生命	无缘大慈，同体大悲

第一章 绪 论

续表

研究对象	台湾佛教慈济基金会	厦门同心慈善会	厦门南普陀寺慈善会
主要服务	慈善、医疗、教育、人文、国际赈灾、骨髓捐赠、环保	义工培训服务、癌友关怀、儿童福利、心灵养护、慈善	慈善、医疗救助、教育救助
总部所在地	台湾花莲	厦门	厦门

　　选择以上三个佛教慈善组织作为本书的研究对象,主要有以下几个原因:一是这些组织的属性能够代表闽台两地的佛教慈善组织。宗教性与世俗性是界定佛教慈善组织属性的重要指标。因此,我们的研究对象必须包括(偏重于)世俗性、世俗性与宗教性兼具、(偏重于)宗教性这三种类型。同心慈善会是一个较为世俗化的佛教慈善组织,慈济是一个世俗性与宗教性兼具的佛教慈善组织,南普陀寺慈善会则是一个偏重于宗教性的佛教慈善组织。本书对闽台佛教慈善组织的运作模式做比较性研究,以这三个组织作为本书的研究对象,才能够对闽台两地的佛教慈善组织有一个比较全面的了解与把握。

　　除了代表这三种不同类型的佛教慈善组织外,下列因素也是本书选取这三个组织作为研究对象的原因所在:其一,慈济是当今台湾地区最大的民间慈善组织,也是唯一一家获准在大陆开办全国性基金会的境外民间组织,其组织的运作模式备受海内外学界的推崇,业已成为华人社会佛教慈善组织的典范,多年来默默地为大陆慈善公益事业的发展做出了巨大的贡献,是海峡两岸文化交流的重要载体。以慈济作为本书的研究对象,最能代表当今台湾地区的佛教慈善组织。其二,与大陆众多具有官方背景的慈善组织不同,同心慈善会完全是一个草根组织,也完全符合西方意义上所定义的非营利组织。在厦门这块具有海西特色的土地上,诞生这样的佛教慈善组织,本身就具有重要的意义,也是厦门公民社会发展的重要标志。同心慈善会虽然是由佛教界人士发起、成立并管理的,但是,其在实际运行中基本与世俗化的慈善组织并无二样。因此,以同心作为本书的研究对象,可以充分探讨具有宗教背景的慈善组织如何实现世俗化的运作,对于拓展我国宗教慈善组织的发展空间具有重要的指导意义。其三,作为大陆

第一家获得法人资格的佛教慈善组织,南普陀寺慈善会在大陆具有重要的影响力,它的运作模式也备受推崇。作为与慈济、同心不同类型的慈善组织,亦作为一个依托于传统寺庙的慈善组织,它的运作模式非常值得我们去研究。同时,同心慈善会与南普陀寺慈善会也是福建省比较有代表性的佛教慈善组织,它们能够充分代表福建省这类组织的发展现状与水平。

二、研究方法

本书主要研究闽台佛教慈善组织的社会交换,探讨佛教慈善组织在组织身份约束下如何进行资源动员、管理与服务输送。本书期望透过对这些组织的历史文献分析、访谈、情境描述,获得翔实而贴切的材料。故质性的研究方法可以使得笔者在尽可能的情境下,进行深入的探讨,还原相关事件的真实原貌。本书的资料收集方法如下:

1. 文献分析法

文献分析法一般是指通过对收集而来的文献进行整理、鉴别,并通过对其研究进而形成科学认识的一种研究方法。本书文献除了各种专业期刊上的相关研究论文,以及各种专业书外,还包括大量有关这三个佛教慈善组织的文献资料。慈济的文献资料包括《慈济月刊》、《慈济道侣》、《慈济年鉴》、《衲履足迹》,以及各种有关慈济组织的介绍图书。另外,慈济全球资讯网、慈济在大陆的中文简体网站,以及慈济历年专题网站上所有的资料都是本书文献的来源。而同心慈善会的文献包括《安心月刊》,以及同心慈善会的网站;南普陀寺慈善会的文献资料除了《慈善年刊》之外,还有其网站。

2. 访谈法

访谈法是质性研究中收集资料的一种方法,期望通过特定场域的对话,了解研究对象的真实的世界,发现研究对象的观点,收集与研究主题相关的资讯,包括研究对象的经验、意见和知识。本书将探寻佛教慈善组织身份的建构历程、资源动员过程,因此,必须透过对佛教慈善组织的管理者、主要利益相关者、政府部门负责人的访谈,深入了解组织的实际运作,以及发展中所累积的经验与教训,并在其所描述的事件中,探寻有意义的分析材料。

3. 参与观察

参与观察是田野调查的一种形式,研究者参与实际的事件运作过程,成为行动者之一。参与者在研究中与研究对象进行互动,扮演着不同的角色。本书中笔者以观察者的身份,直接对研究情境及其人际互动进行了观察,并配合访谈同时进行;另一种是以参与者的身份,直接参与组织的各种活动,特别是慈善组织的义工活动,通过这种方式获得了第一手资料。并在每次参与结束之后,对相关资料进行了整理。

三、研究思路与研究内容

海峡两岸佛教界在人间佛教的指引下,积极从事慈善公益事业,涌现出一大批较有影响的佛教慈善组织。在台湾,佛教慈善是民间慈善的主体力量,不仅佛教慈善团体数量众多,而且呈现出全球化的趋势;在大陆,佛教慈善也开始崭露头角,社会影响力与日俱增,目前,大陆有60多家佛教慈善组织。在学界,NGO(非政府组织)的比较研究学者较少涉及,海峡两岸NGO的比较研究更是空白;而社会交换理论被学者们广泛应用于人际关系等领域的研究,但是,在慈善组织领域的研究中,此类研究基本上处于空白状态,鲜有学者涉及。本书尝试将这二者结合起来,以社会交换理论为研究视角,对闽台两地佛教慈善组织运作模式进行比较研究,希望通过本书的研究既能拓展NGO的研究领域,特别是推进大陆NGO的比较研究,同时也能开拓社会交换理论的应用领域。

为了完成上述目标,本书以厦门同心慈善会、台湾佛教慈济慈善事业基金会、厦门南普陀寺慈善会为研究个案,从社会交换视角对这三个组织的资源动员、资源转化、服务输出进行了剖析,比较这些组织的运作模式的特点与优势。

本书主要研究结论如下:第一,社会交换是佛教慈善组织获取各种资源(包括有形的物质、人力资源;无形的合法性资源)的根本途径,而且不同类型佛教慈善组织之间的社会交换模式有着显著差异。同心是一种社会化的资源动员方式,其社会交换模式与世俗组织无异;慈济虽然也是社会化的资源动员方式,但其社会交换模式中更多地融入了佛教的各种思想精髓,二者的巧妙结合造就了慈济惊人的资源动员能力;南普陀寺慈善会的资源动员方式与佛寺经济紧密联系在一起,其社会交换模式更多呈现出传统佛教慈善的特点。第二,社会交换促进了佛教慈善组织之间的竞争与分化。在竞争的压力下,各慈善组织之间相互学习与模仿,不断提升组织的治理能力,从而在整体上推动慈善事业的发展与进步。

本书共分为七个部分。第一章是绪论,阐述本书研究的缘起与意义,在文献综述的基础上对本书的理论视角进行了分析,提出了本书的研究对象、研究方法、研究思路和研究内容;第二章在分析影响闽台两地佛教慈善组织身份建构内外因素的基础上,划分了三种不同类型佛教慈善组织;第三章比较闽台两地不同类型佛教慈善组织在微观领域社会交换的异同,从而总结出它们的资源动员方式与社会交换模式的特征;第四章分析与比较闽台两地佛教慈善组织在组织使命、组织决策、志工管理方面的异同;第五章比较闽台两地不同类型佛教慈善组织在宏观领域社会交换的异同,总结出社会服务输送的各自特色,以及组织合法性的结构性差异;第六章阐释了佛教慈善组织自我调适的内外动力机制,比较了这些组织自我调适的内容;第七章对本书进行了总结,在比较闽台两地佛教慈善组织运作的基础上,提出了促进大陆佛教慈善事业发展的政策建议。

本书选择以社会交换作为研究视角,并据此将佛教慈善组织作为法人行动者,以闽台两地这类组织作为研究样本,探讨社会交换活动的开展、组织的运作,以及社会的意义。具体的分析框架如图1-1所示。

本书将闽台佛教慈善组织的社会联结作为其社会交换活动的第一个变量。所谓佛教慈善组织的社会联结,是指处于当代社会之中的佛教慈善组织,为了组织的生存与发展,必然通过各种方式、途径与其他社会主体形成各种形式的联系与结合,发展出具有动态性的、直接或间接的各种社会关系网络。通过社会联结,佛教慈善组织对自身的各种状况有了较好的把握之后,便有了第二个变量——组织身份建构,亦即组织身份建构是一个

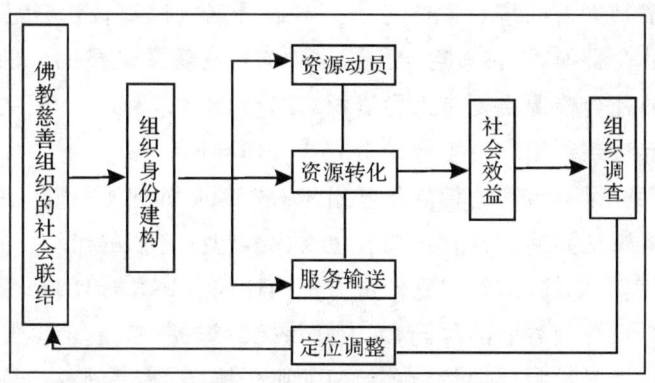

图 1-1　本书研究框架图

与行动者自身社会行动紧密相关的变量,向上反映了佛教慈善组织的社会联结,向下影响了组织运作。佛教慈善组织的运作是一个动态的过程,是组织动员资源输入、转化和输出服务的动态过程。因此,本书在分析框架中设定的第三个变量便是将其组织运作进行阶段性分解后的一组平行变量。佛教慈善组织运作的结果便是组织的社会效益,也就是本书的第四个变量。通过对组织社会效益的反思(亦即反馈,本书的第五个变量),再反作用于社会联结,从而影响了下一轮的社会交换。本书以社会联结作为佛教慈善组织的出发点,对它们的社会交换进行了动态描述、比较与分析,通过这种分析,揭示出社会交换对于闽台两地佛教慈善组织在组织运作上的意义和作用。

基于以上的论述,本书共分为七章,重点围绕佛教慈善组织如何进行资源动员展开。第一章为绪论部分,阐述本书的缘起与意义,并对相关文献资料进行述评,对研究理论基础进行综述与分析,指出它们与本书的基本关系,以及为本书所留下的学术空间,为本书提供了理论基础;而后具体阐述本书的研究对象、研究方法、研究思路与内容。

第二章重点阐述影响闽台两地佛教慈善组织身份建构的内外因素。通过影响佛教慈善组织建构因素的分析,本书将总结出闽台两地三种不同类型的佛教慈善组织:同心慈善会是世俗性的佛教慈善组织,佛教慈济基金会是世俗性与宗教性兼具的佛教慈善组织,南普陀寺慈善会是宗教性的佛教慈善组织。

第三章是本书的核心章节之一。本章重点探讨闽台佛教慈善组织微观领域的社会交换,即佛教慈善组织是如何进行资源动员的。佛教慈善组织所需要的社会资源主要是人力资源与物质资源。因此,本书主要比较不同类型的佛教慈善组织的资源动员方式有何异同。

第四章探讨闽台两地佛教慈善组织对资源是如何进行转化的,亦即探讨它们的组织是如何进行管理的。主要内容包括它们的组织使命、决策体系、志工管理三个部分,并对它们进行横向比较,以总结出闽台两地佛教慈善组织在组织管理方面的异同,为大陆该类组织提供一些借鉴经验。

第五章将展示闽台佛教慈善组织的服务输送,这是佛教慈善组织社会交换的实现,实质上也是佛教慈善组织宏观领域的社会交换,亦即通过社会服务输送,换取组织合法性,为下一个社会交换打下良好的基础。一般来说,宗教慈善都是以社会救助作为其服务的重点。但是,随着民众对社会福利需求的变化,佛教慈善组织提供服务的类型也在不断地发展变化,提供的服务包括环保、心灵关怀等内容。

第六章分析佛教慈善组织自我调适的动力机制,在此基础上分析与比较闽台佛教慈善组织调适内容的异同。

第七章对本书进行总结,并在此基础上提出促进大陆佛教慈善事业发展的政策建议。最后指出本书研究的局限,并提出未来的研究方向。

第二章

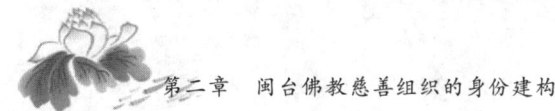

闽台佛教慈善组织的身份建构

　　社会交换有两个基本前提,其一是行动者本身,其二是行动者所拥有的用于交换的资源。因此,组织的身份建构就成为佛教慈善组织社会交换的基本前提之一。组织身份(organizational identity)是组织所具有的"核心、持久和独特的特征",是对"组织是谁"的回答。① 组织在整个社会系统中必须根据自己的组织身份行事,以避免不当的行为。② 佛教慈善组织的身份建构是内外环境(因素)共同形塑的结果。③ 外部的政治、经济、社会环境在形塑其组织身份方面发挥着重要的作用,有时候甚至对它们的发展

---

　　① Albert, S. and D. A. Whetten. [M]. Organizational identity. B. M Staw and L. L. Cumminmgs (Eds.). Research in the Sociology of Organizations. Greenwich: JAI Press, 1985.

　　② Foreman, P., & Whetten, D. A. Member's identification with multiple-identity organization[J]. Organization Science, 2002, 13(6): 618-635.

　　③ 根据西方学者的研究,组织的身份建构是内外环境共同形塑的结果。组织当中的最高管理者对于组织身份的建构具有重要的作用,他们能够代表组织的"原型",赋予组织以自己的价值观和信念,根据利益相关者的力量、要求的合理性和紧迫性以及利益相关者网络特征的知觉评价来保持或变革组织身份;同时,组织所处的具体的社会环境也是建构组织身份的重要函数,不同的环境压力变量水平会导致不同的组织身份的变化状态,那些能够根据组织自身能力而对组织身份采取相应处理措施的组织才能够在环境变迁中获得生存与发展。详见 Scott, S. G. & Lane, V. R. A stakeholder approach to organizational identity [J]. Academy of Management Review, 2000, 25(1): 43-62;郭金山,芮明杰. 当代组织统一性理论研究述评[J]. 外国经济与管理, 2004(6).

起到了决定性的作用;佛教慈善思想、历史传统,以及它们的领导人等内部因素也对其组织身份的建构发挥了重要的影响。本章,我们将在比较影响闽台两地佛教慈善组织身份建构内外因素的基础上,对闽台两地佛教慈善组织的身份类型进行学理上的划分。

第一节　影响闽台佛教慈善组织身份建构的外部因素

影响闽台两地佛教慈善组织身份建构的外部因素包括宏观政治环境、法律制度、社会经济发展水平与社会需求等三个方面。在宏观政治环境方面,逐步宽松的政治环境为两岸佛教慈善组织创造了更多的发展空间。在具体的法律制度方面,大陆《慈善法》中并没有促进宗教慈善发展的相关规定,这不利于宗教慈善的发展;台湾较为完备的登记管理制度为民间组织提供了更多的发展空间。在社会经济发展水平与需求方面,随着大陆经济的不断发展,民众收入的不断增长,以及社会需求的日益多元化,佛教慈善组织的发展获得更加坚实的物质基础,亦有追随台湾早期佛教慈善组织发展的趋势。下面,我们就从政治环境、法律制度,以及社会经济发展水平三个方面分析影响闽台两地佛教慈善组织身份建构外部因素的异同。

一、宏观政治环境[①]

政治环境是影响闽台两地佛教慈善组织身份建构的第一个外部因素。这里的政治环境我们将其理解为政府与慈善组织之间的关系。在大陆,

---

① 本部分有关大陆宗教慈善公益政策的论述参考裴勇,胡绍皆,张弩.我国宗教界参与社会公益事业的考察与分析[C]//"灾难危机与佛教慈善事业暨第二届宗教与公益事业论坛"论文集,2008;有关台湾佛教与政治关系的论述参考唐蕙敏.当代台湾佛教与政治的关系[J].台湾研究,1999(2).

第二章 闽台佛教慈善组织的身份建构

"文革"十年所塑造的社会政治环境基本扼杀了一切民间组织发展的空间，包括佛教在内的宗教也基本被人为地加以消灭，民间慈善基本不复存在。改革开放后，逐步宽松的政治环境为民间慈善组织的发展创造了基本条件。佛教慈善组织也正是在这种背景下产生与发展的。在台湾，"解严"前森严的政治环境使得台湾公民社会的发展举步维艰。当时台湾的宗教慈善组织也基本是西方宗教的天下。"解严"后，台湾民间组织的数量呈现出爆发式的增长。长期被压抑的民间结社的热情爆发出来，成为台湾民间组织发展的一个独特景观。台湾的佛教慈善组织亦不例外。

我国佛教界一直都有慈悲济世的传统。近代以来太虚法师提出"人间佛教"的倡导后，佛教界为复兴佛教，积极从事赈灾、济贫等慈善事业。但是，中华人民共和国成立后形成的"总体性社会"，使得佛教界慢慢失去了从事慈善事业的空间，逐步成为纯宗教政治类组织，成为党和政府联系和团结信教群众的一种政治中介，佛教慈善组织在这个时期处于一种消亡的状态。改革开放以后，随着市场的发展，国家逐步失去了对社会资源的绝对控制与分配，非国家主体（即包括个人与民间组织）在社会领域开始获得一些自主性，它们可以通过市场机制获得资源交换的机会。国家由此进入了"总体性社会"解构，后"总体性社会"形成的历史时期。在宗教领域，各级政府逐步落实党的宗教政策，各类宗教组织逐步获得了生存与发展的空间。

在中国，任何一个社会领域的发展都离不开国家政策的支持，宗教慈善事业也是如此。改革开放以来，党和政府一改过去对宗教事业发展限制的政策，强调在宪法和法律的框架内保护全体公民宗教信仰的自由，保护信教群众正当的宗教活动，并积极引导宗教界从事慈善公益事业。1982年中共中央在通过的《关于我国社会主义时期宗教问题的基本观点和基本政策》（即著名的19号文件）中首次提出"社会服务"的概念，并指出"必须根据宗教界人士的不同情况和特长，分别组织他们参加力所能及的生产劳动、社会服务、宗教学术研究、爱国的社会政治活动和国际友好往来，以调动他们的积极因素为社会主义现代化建设事业服务"。这表明在新的历史条件下，党和政府对宗教的社会功能有了新的认识，为宗教界开展慈善公益事业奠定了政治基础。

自 1984 年胡乔木同志提出"引导宗教界兴办社会公益事业"以来,历届党和国家领导人都十分关心和支持宗教慈善公益事业的发展。1993 年江泽民同志提出要"积极引导宗教与社会主义相适应",宗教慈善成为宗教与社会主义社会相适应的一个基本途径;2001 年江泽民同志再次指出"我们鼓励和支持宗教界发挥宗教中的积极因素为社会发展和稳定服务,鼓励宗教界多做善行善举。在国家引导和管理下,宗教组织可以从事一些有益于社会发展的公益、慈善活动",从此,宗教慈善公益事业获得了更大的发展空间;胡锦涛同志一再强调要"全面贯彻党的宗教工作基本方针,发挥宗教界人士和信教群众在促进经济社会发展中的积极作用是做好新形势下宗教工作的根本要求",明确鼓励宗教界从事社会公益慈善事业;党的十八大以来,以习近平同志为核心的党中央对我国宗教慈善事业高度重视,将其视为实现中华民族伟大复兴的重要贡献力量,强调宗教慈善必须在党的领导下方可健康发展。在历届党和国家领导人的关心和支持下,宗教慈善公益事业取得巨大成就,成为民间慈善公益事业的一支生力军。

政教关系也一直是影响台湾民间慈善事业发展的一个关键性因素。1949 年以后,台湾当局先后颁布"戒严令"和"戡乱时期检肃匪谍条例",对民间的结社自由进行了严格的限制,包括佛教慈善组织在内的民间团体的发展空间受到了极大的压缩。这一时期,台湾的佛教团体受到有着官方背景的"中佛会"的控制。"中佛会"是当时台湾当局唯一认可的岛内所有佛教团体的最高组织,所有佛教团体都是其下属单位,必须服从其领导。在此情境下,台湾佛教团体的活动空间基本被限制在各自的区域内,无法形成能够影响全台湾的佛教团体组织,作为建构在佛教团体之上的佛教慈善组织亦是如此。1987 年台湾当局解除了长达 38 年之久的"戒严令",随后开放"党禁"、"报禁"。伴随着政治环境的变迁,台湾民间组织呈现出爆发式的增长,新兴佛教团体不断涌现出来。一些佛教慈善组织,如慈济功德会、佛光山,也从区域性组织逐步发展成为全岛性组织。"中佛会"一统台湾佛教界的局面就此结束。此后,根据"解严"后台湾当局颁布的"人民团体法"之"人民团体在同一组织区域内,除法律另有限制外,得组织两个以

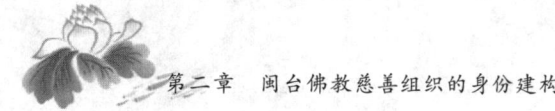

上同级同类之团体。但其名称不得相同"①的规定,全岛性的佛教团体不断涌现出来。

从台湾政治变迁中我们可以看出,政治环境对佛教组织身份建构具有重大的影响。"戒严"时期由于台湾当局对整个民间社会的管控,包括"慈济功德会"在内的佛教慈善团体,其活动的场域具有相当的局限性,无法发展成为全岛性的佛教慈善团体。"解严"后,随着政治环境的改善,这些组织具备了发展成为全岛性组织的前提条件。实际上,一些组织也并不是在"解严"后才成为全岛性的组织,只不过"解严"为其提供了法律合法性罢了。为了提高其政权的合法性,进而获得台湾民众的政治认同,台湾当局一改以往只重视经济发展、偏袒资方的做法,开始大力发展社会福利。而台湾宗教界,特别是佛教界,拥有大量的社会资源。因此,台湾当局为了弥补其社会福利资源的不足,在相关的法律规章中要求宗教组织承担一定的社会义务,在"监督寺庙条例"中规定寺庙必须举办一定的社会慈善公益事业。台湾有关当局还制定了"宗教团体兴办公益慈善及社会教化事业奖励要点",对举办公益慈善事业成效卓著的宗教团体进行奖励,引导宗教界从事社会福利事业。这对台湾宗教慈善事业的发展起到了一定的推动作用,促进了台湾宗教慈善组织的兴起与发展。

二、法律制度与宗教慈善场域②

制度主义学派认为,制度是环境作用的结果③;制度是指"一系列用来建立生产、交换与分配基础的政治、社会和法律基础规则"④。在当代中

---

① 陶百川.综合六法全书[M].台北:台湾三民书局,1992:1118.
② 本部分有关大陆宗教慈善组织法律制度与宗教慈善场域的相关论述参考刘澎.关于宗教组织进入社会服务领域的机制问题[EB/OL]. http://www.fjnet.com/fjlw/200906/t20090627_126234.htm,2009-06-27.
③ 凡勃伦.有闲阶级论:关于制度的经济研究[M].北京:商务印书馆,1997.
④ L.E.戴维斯,D.C.诺思.制度变迁的理论:概念与原因[M]//科斯,等.财产权利与制度变迁:产权学派与新制度学派译文集.刘守英,等译.上海:三联书店、上海人民出版社,1994:270.

国,包括佛教慈善组织在内的宗教慈善组织,在从事慈善公益事业时,国家的相关政策法律法规区隔了其活动的空间与边界,我们称之为当代中国宗教慈善场域,它是我国宗教制度的重要组成部分。我国宗教界历来都有参与社会慈善公益事业的传统,特别是在社会重大灾害中,宗教界更是积极参与各项赈灾活动。因此,社会各方面都认为,宗教进入社会慈善公益领域,对于弥补政府公共服务不足,服务与回馈社会公众具有积极的意义。但是,根据国务院 2004 年 7 月 7 日颁布的《宗教事务条例》第十二条的规定,"信教公民的集体宗教活动,一般应当在经登记的宗教活动场所(寺院、宫观、清真寺、教堂以及其他固定宗教活动处所)内举行,由宗教活动场所或者宗教团体组织,由宗教教职人员或者符合本宗教规定的其他人员主持,按照教义教规进行"。而宗教慈善活动是否属于宗教活动,目前法律对此并没有给出一个明确的答案。但是,宗教管理部门,一般依据《宗教事务条例》强调宗教组织所有的活动都必须在宗教场所内进行;亦即,宗教慈善公益事业也只能局限于宗教活动场所。由此,形塑了我国宗教慈善场域。

对于宗教慈善场域,有学者认为我国宗教组织,虽然不是非政府组织的主体,但也是非政府组织框架内一个无法忽略的存在,其社会组织的性质基本属于公民社会组织,是社会的第三部门;其"场所"是"宗教活动空间"的中心。① 实际上学者提出宗教组织的活动空间,是希望宗教组织更多呈现出一种民间化的色彩,减少"官督民办"带来宗教组织社会活动空间的减少。社会慈善属于公民社会领域,它是社会保障体系的有力补充,政府不应该也不能与社会争夺慈善资源,而是应该从培育民间社会良性发展的战略高度,将社会慈善的场域归还于包括宗教组织在内的整个公民社会。

而在台湾地区②宗教界要成立慈善组织必须依据"民法"第一篇第二章第二节之第二款(社团法人)及第三款(财团法人),以及"人民团体法"向主管单位申请,并向地方法院备案。具体来说,在台湾地区"民法"体系中

---

① 李向平.中国当代宗教的社会学诠释[M].上海:上海人民出版社,2006.
② 本部分有关台湾地区宗教法律制度的相关论述参考吴宁远.非营利组织法令与宗教组织法令[C]//郑志民主编.宗教与非营利事业.嘉义:南华大学宗教中心,2000.

"社团法人"与"财团法人"皆为"私法人",前者是指依台湾现行的"人民团体法"第三十九条,民众基于兴趣、职业、信仰、地缘、血缘以推展文化、学术、医疗、卫生、宗教、慈善、体育、联谊、社会服务或其他公益为目的的,由个人或团体组织的团体,例如各种协会、联合会等组织;后者是指以所捐助财产及其收入、孳息办理公益事业为目的的组织,例如各种基金会等组织。在台湾,社团法人必须依"人民团体法"向主管单位申请成立,并向地方法院登记为社团法人,若未登记则为非法人社团;财团法人皆为公益目的,依据事业主管单位(包括行政主管部门、教育主管部门、"卫生署"、"环保署"、"劳委会"、"青辅会"、新闻主管部门等单位)申请成立,并向地方法院登记备案。根据台湾当局现行的法律体系,其民间组织分类体系如图 2-1:

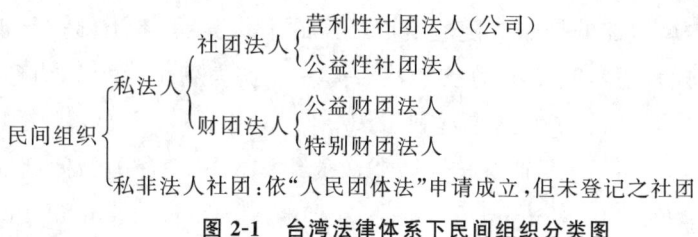

图 2-1 台湾法律体系下民间组织分类图

三、宏观经济环境与社会需求

慈善组织离不开社会资源特别是经济资源的输入。一个国家或地区社会经济的发展是慈善组织发展的重要社会基础。改革开放以前,我国慈善事业基本处于空白状态,这其中既有政治环境使然,也跟全社会的普遍贫困密切相关。随着我国经济的发展,以市场经济为基础的市民社会获得了巨大的发展空间,社会公众的自主意识在不断地增强,中层收入群体在不断扩大。这些都为我国社会慈善事业的发展奠定了良好的社会基础。与此同时,我国宗教慈善组织的经济实力也水涨船高。伴随着我国经济的发展,佛教的寺院经济得到恢复、发展和壮大,众多佛教组织已从自养的"温饱"水平,走向了可以回馈社会大众的"小康"水平。佛教寺院的收入是基于"功德"基础之上的一种社会交换关系;而慈善则是社会资源的第三次

分配。作为社会资源重要的载体,佛教界集中了数量可观的社会资源,它是佛教慈善事业发展的物质基础。

20世纪50年代的台湾,经济处于萧条的状况之中。加之国民党实行的"戒严"政策,台湾本土宗教(包括佛教与民间信仰)几无财力从事宗教慈善公益事业。20世纪60年代台湾经济开始起飞后,台湾本土宗教慈善事业的发展才有了经济基础,慈济功德会也是在这一时期诞生的。在台湾经济快速成长的70年代,台湾的非营利组织也呈现出快速成长的状态。因而,这一时期的台湾佛教慈善组织也呈现出良好的发展状态。慈济功德会的医疗志业也是从这时候开始提出并付诸实践的。实际上,台湾本土佛教不同于台湾西方宗教,后者早期依靠外援来发展慈善公益事业,"解严"后虽然实现本土化,但是,海外捐赠一直是其资金的重要来源之一。而台湾本土佛教基本靠信徒的捐赠。随着台湾经济的不断发展,本土佛教慈善组织获得了空前的发展,其影响力已经从台湾一岛扩大到全世界。如慈济、佛光山,早已是国际性的宗教非营利组织。2003年,慈济更是以"台湾佛教慈济基金会"之名,正式成为联合国非政府组织——联合国新闻部非政府组织联系单位(The Committee on NGO of the Department of Public Information)的一员。随着台湾佛教慈善组织身份的不断变迁,从台湾的佛教慈善组织发展成为全球性的宗教慈善组织,其资源动员能力也在不断提高,具备了全球动员能力。可见,经济发展不仅奠定了社会慈善的物质基础,同时也造就了佛教慈善组织的形态,是佛教慈善组织产生的重要助推力。

经济学界曾有过需求决定供给,或者供给决定需求的争论。而社会公共服务则是需求决定供给的典型。随着海峡两岸经济的普遍发展,两地社会保障体系也日趋完善。可是,人民的需求具有多样性。西方有关非营利组织存在的一个重要的理论解释,就是政府基于"中位选民"偏好,其公共服务无法满足公民多样化的需求,尤以社会弱势群体的需求政府无法做到百分百的覆盖。而这些恰是民间慈善发挥其功能的领域。学者王顺民[①]

---

① 王顺民.当代台湾地区宗教类非营利组织的转型与发展[M].台北:洪叶文化事业有限公司,2001.

对台湾宗教福利的发展阶段进行了深入的研究,发现其发展阶段跟宗教类型有着比较大的关联。但是,无论宗教福利处于哪一个发展阶段,无不以台湾的社会需求为其服务重点。20世纪五六十年代的台湾还处在经济起飞的前夜,社会弱势群体对基本生活物质需求较大。因此,这一时期宗教慈善救助主要集中在传统的济贫领域。20世纪七八十年代台湾经济起飞后,台湾社会弱势群体的需求转向了教育与医疗等公共服务。因此,这一时期佛教慈善处于转型的阶段,以发展医疗、教育服务为主。20世纪90年代以后,台湾民众的生活水平虽有大幅度提高,但现代化带来了人与人之间关系的紧张、精神的空虚,满足自身更高发展需要的社会需求也更高,这些社会需求为台湾佛教慈善的发展提供了社会基础。以慈济为代表的台湾佛教慈善事业满足了人们心灵的精神需求,受到台湾中产阶级的追捧,这是台湾佛教慈善发展壮大的社会根基。

在大陆,社会弱势群体的巨大需求也是推动佛教慈善事业发展的重要社会基础。以赈灾为例,我国是一个自然灾害频发的国家,地震、泥石流、水灾等自然灾害都给人民群众的生命财产造成了重大损失。尽管我国官方建立了相对比较完善的救灾体系,且政府紧急动员和救援能力成效突出,但其"重大灾轻小灾;重政府轻社会、社区;重灾后救援轻灾前预防"的救助体系使其在一些救灾减灾的细化方面,缺陷显然。[①] 政府的缺陷就是民间力量的空间所在。包括佛教慈善组织在内的民间团体在历次赈灾中发挥了重要作用。每次自然灾害发生后,佛教慈善组织都是在第一时间发动募捐,为灾区送去善款以及赈灾物资,或是借由佛教的优势,为灾区祈福弘法,甚至为灾民提供心理抚慰。赈灾一直是我国佛教慈善的重要传统之一。除了赈灾之外,社会弱势群体的医疗救助、基本生活保障、老人护理、康复治疗、教育救助等诸多方面的社会福利需求缺口还很大。这些社会福利需求除了由政府提供的公共服务来满足之外,还需要包括佛教慈善在内的民间福利供给给予满足。这就为大陆佛教慈善事业的发展奠定了良好的社会基础。另外,随着社会竞争的发展,人们对心灵养护的需求也在日

---

① 详见公益时报网.民政部力推救灾官民合作 NGO 拟搭建共享网络[EB/OL]. http://gongyi.ifeng.com/news/detail_2011_04/08/5617267_0.shtml,2011-04-08.

趋增加。宗教一个重要的功能就是安抚人心。江苏佛教界已经在开展相关的心理咨询服务,希冀透过宗教特殊的心灵安抚,舒缓现代人紧绷的神经。有学者就根据宗教组织提供慈善公益内容的不同,将大陆宗教慈善公益组织分为"救济型慈善"、"服务型慈善"和"宗教教育型慈善"三类。① 随着社会福利需求的多样化,宗教慈善的组织形态也必将从传统走向现代,从救济走向服务。

第二节　影响闽台佛教慈善组织身份建构的内部因素

　　组织的内部因素,包括组织赖以发展的传统文化和组织领导人都会对组织的身份建构产生深远的影响。对于佛教慈善组织来说,其深厚的佛学思想,特别是佛教的慈善思想无疑是其发展的宝贵精神财富。佛教慈善思想不仅深刻地形塑了佛教慈善组织的身份,也对整个中华慈善文化的发展起到了重要的推动作用。而佛教济世救民的慈善传统也在相当程度上界定了当代佛教慈善组织服务内涵,在一定程度上可以说,当代佛教慈善组织是在复兴传统佛教慈善。此外,佛教慈善组织的创始人对于其组织身份的建构也具有重要的影响。有些佛教慈善组织,如慈济的创办人证严法师主导了慈济发展近40年。下面我们详尽分析影响佛教慈善组织身份建构的内部因素。

一、佛教慈善思想

　　佛教慈善思想是中华慈善思想的重要源头之一,是佛教思想精华与中

---

　　① 邓子美,等.大陆佛教慈善公益组织类型探析:以当代福建之典型基金会为中心[C]//"教育与宗教慈善暨第三届宗教与公益事业论坛"论文集,2009.

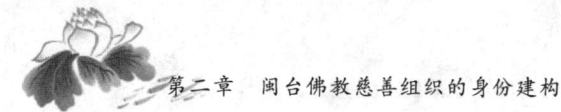

土政治、经济、文化在长期社会融合中的产物,也是佛教思想与儒家思想相互交流发展的结果。佛教慈悲思想以缘起观为基石、以慈悲观为核心、以业报论为行为导向、以布施观和福田观为实践基础,形成了较为完备的慈善思想体系。它对于历代佛教界从事佛教慈善事业起到了指南针的作用,导引着一代又一代佛教人从事济世救民的善行,成为佛教慈善组织的组织文化基石,深刻地形塑着佛教慈善组织的身份。

慈悲观①:"慈"就是给众生带来快乐、爱,"悲"就是祛除众生的痛苦,二者合称为慈悲。《大智度论》卷二十七称:"大慈与一切众生乐,大悲拔一切众生苦,大慈以喜乐因缘与众生,大悲以离苦因缘与众生。"故慈悲就是"与乐拔苦"。佛教的慈悲有三种类型,这在《大智度论》卷四十有提及,即"慈悲心有三种:众生缘、法缘、无缘"。可见,佛教慈悲是从差序格局人际关系逐步扩散,从对亲属的爱逐步扩展到对众生的爱,并植根于内心深处从而形成一种对他人无意识的爱,也就是说对他人的爱是一种无条件、无所求的。正如台湾著名法师证严说的那样,"普天之下,没有我不爱的人,普天之下,没有我不信任的人,普天之下,没有我不原谅的人",②道出了佛教包容万事万物的气度与宏伟的大爱。

福田观③:福田是对佛教慈善事业的一种隐喻,含有耕耘收获之意,"福田"就是可生福德之田。凡敬福田(佛、僧、父母、悲苦者),就可收获功德、福报。④ 佛教的福田观也是其慈善思想的源泉,根源于西晋沙门法立、法矩的佛教经典译作《佛说诸德福田经》。在经文中,佛陀号召广大众生"七法广施福田",就可"行者得福,即生梵天"。此外,《大智度论》中也有福田的思想,并将福田分为"敬田"、"悲田"两种,前者是指恭敬佛法僧众;后者是指怜悯社会弱者。佛教对于"悲田"的重视尤甚。正是这种强调对社会弱势群体救助的悲田思想成为千百年来佛教慈善事业的重要理论基础。历史上佛教慈善事业中"设园池"、"施医药"、"置船桥"、"作井",乃至出现人类历史上最早、规模最大的慈善机构——悲田院,无一不是"悲田"思想

---

① 任继愈.佛教大辞典[M].南京:江苏古籍出版社,2002:1274.
② 证严法师.静思语:第一集[M].北京:九州出版社,2010.
③ 黄开国,等.诸子百家大辞典[M].成都:四川人民出版社,1999:477-478.
④ 李林.中国佛教史上的福田事业[J].法音,2005(12).

的产物。

布施观①:佛教布施观也是佛教慈善思想的重要组成部分,布施行为也是佛教慈善行为当中比较重要的一种。《大乘义章》卷十二有云:"以己财事分布与他,名之为布;辍己惠人,曰之为施。"佛教认为"布施"具有无上功德。小乘佛教将"布施"分作"财施"、"法施"两种。"财施"是指将各种财物布施予人,目的在破除个人的吝啬和贪心,以免除未来世的贫困;"法施"是指向人说法传教,目的是使人成就解脱之智。大乘佛教瑜伽行派增设"无畏施"为"三施",使人在趋向解脱之途勇敢无畏,作为必须实践的菩萨行之一。佛教的布施观为佛教慈善实践提供了重要的思想与理论指导。

缘起论②:缘起论是整个佛法的理论基石,③因此,也可以说缘起论是佛教慈善思想的重要基石。"缘"指结果所赖以产生的条件,"起"指生起。"缘起"即谓一切事物和现象(诸法)均处于因果联系中,依一定条件生起变化。正如《中阿含经》卷四十七有云"此有故彼有,此生故彼生,此无故彼无,此灭故彼灭"。佛教用"缘起"来解释世界、人生以及各种精神现象的产生。缘起论是佛教有关人生哲学的重要组成部分,目的是探寻人生苦痛的根源与超越之道,总结出"我生此苦,从因缘生,非无因缘"。从缘起观而知人间冷暖、众生苦痛,所以要生慈悲心、行菩萨道。

业报论④:"善有善报,恶有恶报"不仅是中国传统善恶观的重要内容,也是佛教业报论的重要组成部分。"业",泛指一切身心活动。在佛教伦理学中,它被认为是能支配人生的过去、现在和未来的力量。一般分为身业(行动)、语业(或称口业、言语)、意业(思想活动)三类。业报即业的报应或果报,亦称因果,是佛教人生观的重要理论。业报论认为今世的命运,由前世业定;今世的业,又决定后世的命运。在业报论的基础上,佛教形成了较为完备的戒律体系,要求佛教徒遵守"戒规",戒杀、放生、素食、从善,以求得善果。它也成为佛教信徒从事慈善事业重要的思想原动力。

---

① 任继愈.佛教大辞典[M].南京:江苏古籍出版社,2002:375.
② 方克立.中国哲学大辞典[M].北京:中国社会科学出版社,1994:686-687.
③ 赖永海.缘起论是佛法的理论基石[J].社会科学战线,2003(5).
④ 陈瑛,许启贤.中国伦理大辞典[M].沈阳:辽宁人民出版社,1989:182.

功德观[1]:功德观对华人日常生活中的慈善行为起到了积极引导的作用。功德泛指施济为善以得福报。《大乘义章》卷九:"言功德者,功谓功能,善有资润福利之功,故名为功;此功是其善行家法,名为功德。"认为修满功德可以成佛。在佛教功德观的体系里,每个人的善行善举(包括恶言恶行)都是可以被计算、累积的,都会累加在每一个人身上。人们相信,行善积德是可以被神明所察觉的,正所谓"积善之家,必有余庆"。人们从事的善事越多,所累积的功德越重,那么得到神明的回报就越大。这也是佛教缘起法与业报论所强调的。由于佛教"功德"概念简明扼要,易于被没有多少文化素养的社会下层所理解与接受,所以"积功德"就成为华人社会独特的慈善思想。

二、佛教慈善传统

佛教自东汉传入中国以来,逐渐与中土文化相互交流、融合,形成了富有中土特色的佛教慈善思想,成为中华民族积德行善思想的源流之一;建构在佛教寺院经济基础上的佛教慈善事业也得到了极大的发展,在中华民族慈善史上占有重要的地位。古代的佛教慈善事业既有修桥铺路等与乡土社会需求紧密相结合的基础设施的建设,也包括悲田院、养济坊等这些早期的佛教慈善机构,它们是人类历史上最早的社会福利机构之一。因此,在研究当代佛教慈善组织身份建构时,必须回顾其历史源流。

赈灾[2]:佛教济贫赈灾的慈善活动自佛教寺院建立以后就有了。《后汉书》就有东汉末年广陵等郡佛教寺院布施的记载,"每浴佛,辄多设饮饭",《三国志·吴书·刘繇传》一文中对此进行了详尽描述。这就是佛教寺院施粥的传统,也是古代中国慈善特有的形式之一。在灾荒年间,佛教寺院都会发起赈灾活动,在寺院场所煮粥,分给灾民食用。这种活动一般都会吸引大批灾民前往,在有效缓解社会矛盾的同时,佛教寺院也借此扩

---

[1] 陈瑛,许启贤.中国伦理大辞典[M].沈阳:辽宁人民出版社,1989:159-160;丁仁杰.社会脉络中的助人行为:台湾慈济功德会个案研究[M].台北:联经出版有限公司,1999:94-100.

[2] 程群.略述佛教慈悲观念在中国的开展[J].法音论坛,1998(12).

大佛教的社会影响,成为弘法的一种手段。这种布施方式,佛教也称为"无遮大会",亦即斋会。社会经济地位较高的绅士阶层一般提供斋会所需的各种费用。因此,它是一种纯民间的社会救济活动。这种施粥救济成为佛教慈善的传统,一直延续至近代。

济贫①:从中古时期开始,佛教的济贫事业走上了制度化的轨道,其中备受学界瞩目的就是北魏的"僧祇粟制"。所谓"僧祇粟制"就是将一部分民户划为僧祇户,户民以谷物六十斛缴纳至僧曹公署,以备救济贫困及灾荒之用。②"僧祇之粟"在灾害之年,用来救济贫民,至丰收之年,民众再归还寺院;日常生活中,它也可以形成资助贫民的社会资源。由"僧祇粟"所形成的社会救济基金成为寺院及其僧侣进行社会救济的重要制度保障,客观上也推动了中古时期社会慈善事业的发展。至唐代,"无尽藏院"金融机构的创立开启了佛教济贫赈灾的新模式。所谓"无尽藏院"就是寺院将其从信徒募捐而来的财物用于急难救济,从而激发信徒的慈善心,抚慰贫弱群体的一种机构。实际上,佛教界的济贫赈灾一直存在,只是在中古时期,特别是南北朝与隋唐时期,佛教处于历史上的鼎盛时期,寺院经济比较发达,官方支持度较高,因此,佛教社会救济事业获得了较好的发展。有唐以降,特别是明清以后,佛教持续衰落,其社会救济事业也大不如前。

医疗救助③:佛教经典中有很多关于医学治疗的记载,并且将治病救人作为佛教基本教义要求。受此影响,历代中国佛教徒都对医疗救助的功德非常重视。很多佛教徒以"明六度以除四魔之病,调九候以疗风寒之疾"为己任,潜心研习医术,成为一代名医。僧众的行医一般都是义诊,不收费用,是一项纯粹的民间慈善活动。有时他们也会当行云僧,到民间行医问诊,解救众生疾病之苦。为了解决众生对医药的需求,有些寺院也会设立"药藏"来储藏药材,以备不时之需。佛教也促进了我国医疗机构的产生。《南齐书》卷二十一就记载了佛教居士齐文惠太子携其弟"设大疾馆,以养

---

① 周秋光,曾桂林.中国慈善简史[M].北京:人民出版社,2005:50,82-83;程群.略述佛教慈悲观念在中国的开展[J].法音论坛,1998(12);王晓丽.浅谈隋唐佛教寺院的公益活动[J].烟台师范学院学报(哲学社会科学版),2005(9).

② 周秋光,曾桂林.中国慈善简史[M].北京:人民出版社,2005.

③ 程群.略述佛教慈悲观念在中国的开展[J].法音论坛,1998(12).

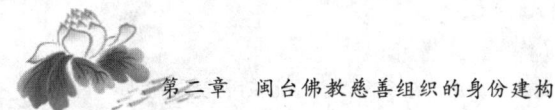

穷民";北齐时期,有北天竺那连提黎耶舍法师在汲郡的西山建立三寺,广事收容癞疾患者,且将男女病房相隔,这些留寺医疗的办法,被认为是近代医院之滥觞。①

悲田养病坊②:佛教历史上最为著名的慈善机构是盛唐时期的"悲田养病坊",它是佛教福田思想与慈悲思想实践化的产物,也是国家权力与寺院经营合作的结果,是一种典型的"官督寺办"模式,也是古代政府与民间关于社会慈善合作的典范之一。一般认为,它至少起源于盛唐的武则天时期,最初设立的目的在于为疾病者获得佛教的医疗救助提供一个场所,后来逐渐演变成以为社会贫弱治病为主,兼将社会流浪者、老而无依无靠者、孤儿集中起来进行收养于一体的古代社会福利机构。佛教悲田养病坊作为专业的救助机构,在我国慈善史上具有重要的地位,促进了我国古代社会救济机构的发展,也将佛教的慈悲精神发挥到了极致。

公益基础设施建设:封建社会时期,佛寺一般也在城乡道路、桥梁等公益基础设施建设方面起到了不可或缺的作用,缓解了地方基础设施建设的不足。根据著名宗教史专家方豪的统计,在《古今图书集成》以及各种地方志所中的各种桥梁,其中由佛寺募捐所建的,在浙江、广东占到总数的15%,在江西、江苏均占27%,而在佛教大省福建更是高达54%。③ 其实,除了桥梁建造外,佛寺还在其他公益基础设施方面贡献良多,比如在铺路、造井、施亭、施灯,以及旅店、食宿等方面给往来的商旅、学子以方便。

环保放生:佛教素有放生护生的传统。佛教经典《梵网经》中就有放生与护生的教义要求。其要求佛教徒以"慈心故行放生业",要以"六道众生皆为我父母"来对待自然界的一切生物,要"常行放生……教人放生,若见世人杀畜生时,应方便救护解其苦难"。历代僧众在各地宣传佛教放生思想的同时,大力修建放生池,以此带动普通民众的放生行为。时至今日,放生已经成为佛寺僧众最为重要的修行方式之一,也成为富有宗教色彩的护生行为。

---

① 道端良秀.中国佛教与社会福利事业[M].高雄:佛光出版社,1981:101.
② 王卫平.唐宋时期慈善事业概说[J].史学月刊,2000(3).
③ 李林.中国佛教史上的福田事业[J].法音,2005(12).

三、人间佛教

近代以来,佛教危机四伏。20世纪初,太虚法师倡导改革佛教流弊,努力兴起一场佛教复兴运动。人间佛教就是这场佛教复兴运动中打出的具有革命性的旗帜。[①] 人间佛教自太虚法师倡导以来,经过印顺法师、赵朴初等人的弘扬,得到了海峡两岸佛教界与社会的高度认同,被称为"二十世纪中国佛教最宝贵的智慧结晶"[②],成为海峡两岸佛教界复兴、发展佛教共同的指导思想。人间佛教也由此指引着海峡两岸佛教慈善事业发展的轨迹。可以说,人间佛教是海峡两岸佛教界共同的指导思想,它在形塑当代佛教慈善组织身份方面发挥着巨大的作用。

1. 人间佛教的基本发展脉络[③]

人间佛教的理念其实早就存在于佛教的经典思想体系之中,然而历代佛教思想家对其详尽的探讨却很少。自宋以降,随着明清时期佛教日益"鬼神化、迷信化",佛教越加缺乏其原本的慈悲情怀,社会参与越少,人间关怀日益淡化。有感于当时佛教的衰微,太虚法师提出了"人间佛教"的思想,希望复兴佛教事业。1933年10月,太虚法师在汉口作了《怎样建设人间佛教》的演讲,提出了"人间佛教"的口号,并且指出"人间佛教,是表明并非教人离开人类去做鬼神,或皆出家到寺院山林里去做和尚的佛家,乃是以佛教的道理来改良社会,使人类进步,把世界改善的佛教"[④]。这标志着人间佛教理论的初步形成。

在台湾,印顺法师继承与发扬了其恩师关于"人间佛教"的思想,是台湾"人间佛教"思想的播种者与领航者,为台湾人间佛教思想的传播做出了

---

① 高玉春,秦春艳."人间佛教"理念与佛教的人间化趋向[J].河北省社会主义学院学报,2003(10).
② 邓子美.二十世纪中国佛教智慧的结晶:人间佛教理论的建构与运作:下[J].法音,1998(7).
③ 彭欣,曾长秋.人间佛教的现代发展与当代实践[J].中国宗教,2011(2).
④ 太虚.怎样建设人间佛教[J].海潮音,1934(15).

杰出贡献。1951年印顺法师在太虚"人生佛教"基础上提出了"人间佛教",并确定了以"人"为中心的佛教思想,"希望中国佛教,能脱落神化,回到现实的人间",能够对佛教流弊的治理有所帮助。印顺法师将人间佛教发展到一个前所未有的高度,为现代台湾社会佛教复兴与发展奠定了基础。在大陆,当代杰出的佛教爱国领袖,原中国佛教协会会长赵朴初居士,在理论与实践层面都大力提倡人间佛教。1983年赵朴初居士将人间佛教作为中国佛教协会的指导方针写进其在中国佛教协会第四届理事会第二次会议上所作的工作报告中,得到佛教界的热烈响应。赵朴初有关人间佛教的思想也是以太虚法师的相关理论为基本前提的。在人间佛教思想的指导下,大陆佛教界开始积极参与社会公益慈善事业,在回报与关怀社会方面做了大量有益的工作,取得了一定的成就,得到了各级政府部门的充分肯定。

2. 人间佛教的内容

赵朴初居士曾经指出,"'人间佛教'的主要内容是五戒、十善和四摄、六度,前者着重在净化自己的身心,后者着重利益社会人群"①。赵朴初居士在1981年《法音》上连续发表了《佛教常识答问》,借助一答一问的方式赵老为我们娓娓道来有关人间佛教的内容,他指出:"人间佛教的主要内容就是:五戒、十善。五戒是:不杀生、不偷盗、不邪淫、不妄语、不饮酒。佛教认为这类不道德的行为应该严格禁止,所以称为五戒。十善就是在五戒基础建立的,约身、口、意三业分为十种。身业有三种:不杀、不盗、不邪淫;口业有四种:不妄语欺骗,不是非口舌,不恶口伤人,不说无益绮语;意业有三种:不贪、不嗔、不愚痴。这就叫十善,反之就叫十恶。"②"六度包括布施、持戒、忍辱、精进、精虑、智慧","根据佛陀的教导,修学菩萨行的佛弟子,不但不贪求分外的财物,还要以自己的财法施给别人,这叫布施;一切损害别人不道德的行为严禁去做,这叫持戒;不对他人气嗔害心,有人前来嗔害恼我,应说明情况,要忍辱原谅,这叫忍辱;应该做的事情要精勤努力去做,这

---

① 赵朴初.佛教与中国文化的关系[J].文史知识,1986(10).
② 赵朴初.佛教常识答问[M].北京:北京出版社,2003:134-135.

叫精进;排除杂念,锻炼意志,一心利益众生,就叫静虑;广泛研习世出世间的一切学问和技术,就叫智慧"。① 而四摄就是布施、爱语、利行、同事。布施前面已有所述,这里就不赘述了;爱语就是要用慈爱、温柔的言语对待芸芸众生,善言劝导,使其喜悦;利行就是要以众生的利益为重,与人为善,乐于助人;同事,就是搞好各方面的人际关系。总之,人间佛教的内容从自身修养,以及利益他人的角度很好地规诫了佛教及其信众的行为,既为佛教界发展佛教事业提供了指导思想,也为佛教界入世从事佛教慈善公益事业提供了理论与实践的指导。

四、闽台佛教慈善组织创始人的理念

本书所选取的三个佛教慈善组织都是由高僧大德一手创办起来的。慈济是由证严法师于1966年在台湾花莲地区创办的,同心慈善会是由广普法师于1999年在厦门地区创办的,南普陀寺慈善会是由妙湛法师于1994年在南普陀寺创办的。他们个人的理念、经历深刻地形塑了闽台两地佛教慈善组织的组织身份:慈济是台湾佛教团体中唯一的纯粹以慈善为宗旨的团体,同心慈善会是一个不带有宗教色彩的佛教慈善组织,南普陀寺慈善会则是大陆第一个佛教慈善组织。

台湾慈济基金会的发展与一个人紧紧地连结在一起,那就是它的创办人——证严法师。无论是当初决定创建慈济,还是后来慈济从单纯的济贫赈灾发展到"四大志业,八大法印"在内的庞大组织,甚至是慈济从东台湾一个地方性宗教慈善组织,发展壮大成为全岛性,乃至全球性的宗教慈善组织,无不凝结着证严法师个人的智慧与艰辛。可以说,慈济能够发展到今天,与证严法师个人的经历、理念,以及开创性的领导密不可分。证严法师秉承印顺法师"为佛教、为众生"的慈训创办了慈济功德会。作为印顺法师的嫡传弟子,证严法师不遗余力地发展人间佛教的思想,并形塑了慈济组织身份。作为当代台湾四大佛教道场的慈济,于2006年成立了慈济宗。同其他三个佛教道场所不同的是,慈济是唯一一个纯粹以慈善公益事业作

---

① 赵朴初.佛教常识答问[M].北京:北京出版社,2003:137.

为其组织宗旨的佛教道场。慈济将所有募集而来的善款全部用来从事慈善公益事业,包括法师自身在内行政人员的开支全部源自他们自己的农场生产,以及制作蜡烛和出版书籍的收入。同时,与其他依附于宗教组织的佛教慈善团体不同,慈济不依附于任何佛教寺院。即使是作为全球慈济人心灵故乡的花莲"静思精舍"也与其他佛教场所不同。它没有其他传统佛寺中高大庄严的佛陀法相,更不具有其他寺院香火旺盛的场面,有的只是一份给人心灵宁静的氛围。对于慈济人捐钱修佛寺行为证严法师持反对的态度,要求他们将资金用来发展教育等公益事业。

同心慈善会起源于一个义工小组。20世纪90年代末一群佛教青年在广普法师的带领下,以实践佛陀"智慧"和"慈悲"为使命,成立了"小蚂蚁爱心小组",开始了义工服务的慈善之路。10多年来,同心人在广普法师的带领下不断发展壮大,从一个义工小组逐步发展成为拥有包括儿童院、义工服务中心、图书馆等在全国有一定影响力的民间慈善团体。其中广普法师的个人信念起了重要作用。最初,广普法师的"小蚂蚁爱心小组"依附于一个佛教寺院,成为其下属的一个佛教功德会,并以佛寺为载体开展慈善募捐与服务活动。有感于佛教寺院宗教色彩过于浓厚,限制了组织的发展,广普法师决心成立一个没有宗教背景和色彩的慈善团体。经过多年的努力,同心慈善会于2002年在同安区民政局注册成立,成为福建地区为数不多的草根性民间慈善团体。广普法师对于同心有着清晰的定位,那就是没有宗教色彩的慈善团体,其资金来源基本依靠社会大众的小额捐赠、服务对象的选取不与宗教挂钩、日常活动没有涉及佛教活动。因此,可以说,同心慈善会是一个以佛教为土壤的没有佛教色彩的慈善组织。

南普陀寺慈善会是大陆第一家佛教慈善机构,它的创立与发展离不开其创办人妙湛法师的努力与贡献。妙湛法师[①]以"任劳任怨,委曲求全"来形容自己的一生,为南普陀寺各项事业的发展倾注了全部心血,这其中就包括南普陀寺慈善会。妙湛法师经常告诫大家:"现在,世上还有许多吃不饱、穿不暖的穷苦人,我们佛教徒应多做一些社会慈善福利事业。"正是在

---

① 圣辉.高僧风范 青史流芳[C]//妙湛和尚百年诞辰纪念丛书编辑委员会.妙湛长老纪念文集.厦门:南普陀寺,2010.

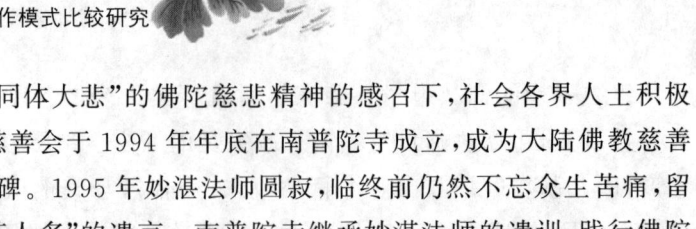

这种"无缘大慈、同体大悲"的佛陀慈悲精神的感召下,社会各界人士积极支持,南普陀寺慈善会于1994年年底在南普陀寺成立,成为大陆佛教慈善事业发展的里程碑。1995年妙湛法师圆寂,临终前仍然不忘众生苦痛,留下了"勿忘世上苦人多"的遗言。南普陀寺继承妙湛法师的遗训,践行佛陀慈悲的精神,"寻声救苦,扶贫济困,以出世的精神做入世的事业",为大陆佛教慈善事业做出了巨大的贡献。南普陀寺也因妙湛法师创立的慈善会而成为大陆佛教界慈善事业发展的杰出代表之一。

第三节　闽台佛教慈善组织的内涵与类型

比较影响闽台佛教慈善组织身份建构的内外因素后,我们将对闽台佛教慈善组织的身份做出一个清晰的界定,并对其组织进行分类。我们认为佛教慈善组织就是建立在佛教信仰基础之上而成立的,从事社会慈善事业的非营利组织;根据其宗教性与世俗性,闽台佛教慈善组织可以分为世俗性、宗教性与世俗性兼具,以及宗教性三种类型。同心、南普陀寺慈善会以及慈济是闽台两地不同类型的佛教慈善组织的代表。

一、佛教慈善组织的内涵与特征

宗教慈善组织是否属于非营利组织在学界有着较大的争议。萨拉蒙早先曾将宗教组织排除在非营利组织之外,后来他又将宗教组织纳入非营利组织的视野之内,宗教组织成为与文化、教育、研究、卫生保健、社会服务、环境、发展、公民与倡导、慈善、国际、商业同业会等其他11个领域并列

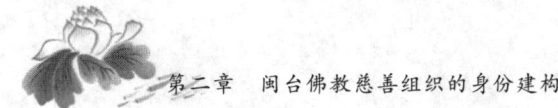
第二章 闽台佛教慈善组织的身份建构

的活动范畴。① 学者王名等明确将宗教组织排除在非营利组织之外;②宗教学著名学者李向平则主张将宗教组织纳入非营利组织的范畴,并将其称之为预设在"第三部门"的宗教活动空间,亦即宗教慈善场域③。我们认为,宗教是慈善之母,宗教慈善组织也是非营利组织的鼻祖之一,近代世俗性公益组织很多都是从宗教组织转化而来的。宗教慈善公益事业是人类社会慈善事业的重要组成部分,在一些国家和地区,宗教慈善已经成为慈善事业的主体。在我国台湾地区尤为如此。以慈济为代表的台湾佛教慈善团体,成为台湾民间慈善事业的支柱。改革开放以来,大陆的宗教慈善事业获得了长足的发展,也为社会公益慈善事业做出了突出贡献。因此,必须将宗教慈善组织纳入非营利组织当中。

要界定佛教慈善组织的概念,我们必须首先了解慈善组织的属性——非营利组织的内涵。在西方,非营利组织是指具有组织性、民间性、非营利性、自治性和自愿性的组织。④ 有学者认为,在我国完全符合西方标准的非营利组织几乎不存在。中国非营利组织是指不以营利为目的且具有正式的组织形式,属于非政府体系的社会组织,它们具有一定的自治性、志愿性、公益性或互益性。⑤ 而作为非营利组织之一的慈善组织并没有一个统一的定义。西方学术界一般认为慈善组织是指一个拥有资产的、非营利的、非政府的组织;它们或直接从事,或通过向其他非营利组织拨款来资助慈善、教育以及其他公益活动;它们包括拨款性慈善基金会、公共筹款机构

---

① 萨拉蒙.全球公民社会:非营利部门视界[M].北京:社会科学文献出版社,2002:4~8.

② 学者王名等在其主编的《民间组织通论》中,将民间组织定义为不以营利为目的的、主要开展公益性或互益性活动、独立于政党体系之外的正式的社会组织。这些组织具有不同程度的自治性与志愿公益性,不是宗教、政党、宗族组织。参见王名,刘培峰.民间组织通论[M].北京:时事出版社,2004:13.

③ 李向平.中国当代宗教的社会学诠释[M].上海:上海人民出版社,2006:96.

④ Salamon, L. M. American nonprofit sector: A primer[M]. New York: The Foundation Press,1992.

⑤ 王名,贾西津.中国非营利组织:定义、发展与政策建议[M]//范丽珠.全球化下的社会变迁与非政府组织.上海:上海人民出版社,2003.

以及运作型基金会。①。大陆官方和学者一般将慈善组织定义为以一定的社会捐款为基础,主要通过资金运作开展社会公益活动的非营利、非政府组织。②

宗教慈善组织既有宗教的背景,又具有慈善组织的使命,既是宗教组织服务社会的载体,也是社会公益慈善事业重要的组成部分。在西方,宗教慈善组织一般被称为基于信仰的非营利组织(faith-based NPOs)。它是指对某宗教或人事物有所信仰而成立,并且参与公共事务与社会服务供给,组织提供社会性功能而非单纯宗教性功能,而组织提供的服务多少带有宣传信仰的特质的非营利组织。③ 它与宗教组织有着较大的区别,宗教组织的主要任务是满足信众的精神需要;而宗教慈善组织的主要任务是提供社会服务。学者 Homer④认为宗教组织主要活动就是从事信仰传播和提供信徒礼拜,而基于信仰的非营利组织主要活动是提供慈善等社会服务。他认为基于信仰的非营利组织具有以下几个特点:组织创始人是对某宗教、人事物有所信仰而成立;组织的主要工作是提供慈善、公益活动等社会服务,而非宗教性活动;组织内部的组织章程或是独特的筹款方式带有信仰使命;特定信仰成员组织有能力加以管理;组织除了参与慈善供给外,在提供服务中带有宣传信仰的特性。

从上述分析我们可以看出,宗教慈善组织既有一般世俗组织的特性,即从事社会慈善公益事业,又有宗教组织的特性,即组织是建立在一定的信仰之上的。因此,本书认为,所谓佛教慈善组织就是在当代社会中,由佛

---

① 陈津利.中国慈善组织个案研究:慈善组织的成功、策略和公众参与[M].北京:中国社会出版社,2008.

② 民政部法规概要编写组.民政工作法规概要[M].北京:中国社会出版社,1991.

③ Homer, L. Organizing and Funding worship Activities of Religious organization [M]. Paper presented at Religion and the Rule of Law: Comparative approaches to regulating religion and belief. Conference of the Chinese Academy of Social Science and Institute of World Religious,2004.

④ Homer, L. Organizing and Funding worship Activities of Religious organization [M]. Paper presented at Religion and the Rule of Law: Comparative approaches to regulating religion and belief. Conference of the Chinese Academy of Social Science and Institute of World Religious,2004.

教组织、僧侣或佛教居士依佛教教义和精神而成立的,从事社会慈善公益事业的非营利组织。佛教慈善组织的建立,为佛教界以入世的精神从事出世的事业奠定了组织基础,是佛教界融入世俗社会的组织中介,也是佛教界诠释佛陀"众善奉行、广度众生"精神的最佳场所。佛教界只有积极从事慈善事业,才能展现佛教在现代社会所具有的价值和功能。佛教慈善组织一般具有以下几个特点:

其一是民间性。这是佛教慈善组织与其他官办或半官办性质的慈善组织最为根本的区别之一。海峡两岸的佛教慈善组织都是由民间发起和成立的,它们很多都是从草根组织发展起来的,是典型的民间组织,是中国非营利组织中最符合国际界定标准的第三部门组织。

其二是非营利性。也就是说,佛教慈善组织是非营利组织的一部分。佛教慈善组织不同于企业,具有利润的非分配性,即使它们举办营利事业,其营利也是用来从事公益慈善事业的。

其三是宗教性。这里的宗教有两个意涵:一是指佛教慈善组织是以佛教教义或精神作为其组织的使命或宗旨;二是指佛教组织的创办人与宗教相关,或是佛教组织、僧侣,或是佛教居士。但是佛教慈善组织的宗教性并不一定导致其组织在对外活动时具有鲜明的宗教色彩,或宗教背景。

其四是社会公益性。这是佛教慈善组织区别于其他佛教组织最为根本的特征,亦即其他佛教组织的活动是以传播佛教信仰为目的的,其服务的对象也仅限于佛教信徒,目的是为他们提供祭祀、礼拜等宗教性服务;而佛教慈善组织主要活动是从事社会公益慈善事业,并且不以传教为目的,救助的对象不能以宗教信仰为依据,目的是为社会弱势群体提供社会福利服务。

其五就是其志愿性。这是很多非营利组织所具有的特征,佛教慈善组织在这方面并不逊色于任何其他组织,一些佛教慈善组织甚至走在了非营利组织的前列。比如台湾的慈济,拥有庞大的志工队伍;大陆一些依附于寺院的佛教慈善组织也开始招募、组建和培训自己的志工队伍,比如南普陀寺。

二、闽台两地佛教慈善组织的身份(类型)

在建构闽台两地佛教慈善组织的身份之前,我们有必要对学界关于世俗组织与宗教组织的学理划分做一个系统的回顾。学者们一直努力建构一个能够将世俗组织、宗教非营利组织、宗教组织整合起来的理论框架。目前学术界公认的划分标准,是由美国"人类需要与信仰及社区行动工作组"建构的一个从纯粹世俗的组织到纯粹宗教组织的划分链[①]。在这条组织链的左端是纯粹的世俗组织,右端是纯粹的宗教组织,亦即组织从左到右世俗性逐渐减少,宗教性逐步增强。如图2-2所示。

世俗组织(secular)⟺宗教性—世俗性兼具的组织(faith-secular partnership)⟺具有宗教背景的组织(faith background)⟺隶属于宗教的组织(faith affiliated)⟺以宗教为中心的组织(faith centered)⟺被宗教信仰浸透的组织(faith permeated)

图 2-2 世俗与宗教组织的组织链

任何一个组织都可以在上述组织链中找到自己的位置,学者们甚至已经提出了比较完善的判断组织处于组织链中哪个位置的方法。例如有学者就提出区分世俗组织与宗教组织的 7 个标准[②]:①自我认同,即组织团体是否认为自己是宗教组织,并且通过各种方式表现出来,如组织名称与使命的选择;②参与者,亦即组织的员工、志愿者、捐赠人、顾客等是否属于某个宗教传统,或他们享有共同的组织文化与宗教信念;③物质资源,如金钱、各种形式的捐赠、建筑是否是由信徒或宗教组织提供的;④组织目标、产品与服务,亦即宗教形塑组织目标的程度,以及组织是否具有礼拜、祈祷、阅读经典等"灵性技术"以实现组织目标、提供组织产品与服务;⑤组织

---

① 转引自黄海波.美国"福利改革"对宗教公益参与的推动及其争议[M].当代宗教研究,2010(3).

② Jeavons, T. H. Identifying characteristics of "religious" organizations: An exploratory proposal. [A]. N. J. Demerath Ⅲ et. al. Organizational aspects of religion and religious aspects of organizations. New York: Oxford University Press,1998.

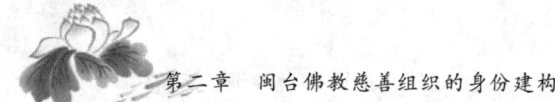

的信息过程以及决策制定是否依赖于宗教价值、信仰、活动和经验;⑥权力的使用与分配是否依赖于宗教资源,以及领导者行使权威是否受宗教的影响;⑦与其他宗教组织之间的互动是否受宗教的影响,如宗教的文化价值、大众论坛、特殊利益集团等。还有学者提出了界定组织在该组织链中的另外5个标准①,组织只要依据这些指标也就可以找到自己的坐标,包括组织使命的表达、对具有宗教目的活动的资助、董事会和高级管理人员以及职员的宗教身份、是否归属于外部宗教机构、是否有来自宗教组织资金的支持、所实施项目的宗教内容、宗教内容与组织运作结构的关联度、宗教环境等。

从图2-2世俗组织到宗教组织的组织链中我们可以看到,组织在现实生活中可以划分为很多种类型。这种划分同样可以应用到佛教慈善组织中,亦即有些佛教慈善组织更具有宗教性,有些佛教慈善组织更具有世俗性,而有些组织则两者兼具。其实,随着近代宗教改革以来,宗教世俗化的步伐越来越快。整体上,宗教在人类社会生活中的影响力远不及中世纪以前。所以,学术界关于世俗化的含义也是从这个角度来阐释的,亦即与"神圣"相对而言的"世俗"是指宗教越来越关心此岸的人类事务,而不再专门从服务和向往于彼岸的上帝和天堂为宗旨。② 同世界范围内宗教世俗化的趋势一样,在中国,佛教也出现了日益世俗化的趋势。它既是近代佛教衰微与危机下,佛教界自身反思与改革的产物,也是社会环境发展的必然要求。自明清以来,佛教已经沦为专侍"鬼神"宗教,对于人间的事务几乎不闻不问,加之,佛教僧侣素质低劣,佛教已经处于社会的边缘地带。近代以来,随着西方基督宗教的入华,其大力传教之余,兴办的各种社会事业给佛教带来了巨大的冲击。佛教界有识之士纷纷提出各种改革口号与方案。太虚法师的"人间佛教"改革口号成为引导近代佛教世俗化的思想引擎。海峡两岸佛教共同承接太虚法师的法脉,以"人间佛教"作为佛教世俗化的理论指导思想,使佛教不断与时俱进。作为佛教世俗化最为重要的一环,

---

① Ebaugh, H. R., Pipes, P. F., Chafftz, J. S., Daniels, M. Where was the Religion? Distinguishing Faith-based from Secular Social Service Agencies[J]. Journal for the Scientific Study of Religion,2003,42(3):411-426.

② 冯丹.当代世界宗教的世俗化倾向[J].国际关系学院学报,1999(1).

近现代海峡两岸的佛教慈善事业也是在"人间佛教"的指引下得到了迅速的发展。也就是说,现代佛教慈善组织是佛教世俗化的重要产物和重要载体。从这个意义上说,所有的佛教慈善组织都是世俗化的产物。这是因为,佛教慈善本身就是佛教追求人间此岸的重要体现。只不过,由于不同佛教慈善组织世俗化的倾向程度不同而已。

根据前述学者 Jeavons 和 Ebaugh 等人所提出来划分世俗组织、宗教非营利组织、宗教组织的分类依据,我们根据闽台两地佛教慈善组织的外在形象(组织使命、宗旨等)、组织的人员组成(包括组织的领导者、董事会/理事会成员、组织的工作人员、组织志工来源)、组织资金来源、组织服务对象的选取、组织与其他宗教组织的关系、组织活动场所、组织结构、组织权威、组织活动领域、组织制度等几个方面来判断同心、南普陀寺慈善会、慈济的组织身份类型。如表 2-1 所示。

表 2-1 三个佛教慈善组织要素属性表

组织要素	同心慈善会	南普陀寺慈善会	佛教慈济慈善事业基金会
组织名称是否具有宗教性	否	是	是
组织使命是否具有宗教性	否	是	是
组织领导者是否是宗教界人士	是	是	是
董事会主要成员是否是宗教界人士	否	是	否
组织主要工作人员是否是宗教界人士	否	是	否
组织的志工来源是否与宗教有关	否	是	否
组织的主要资金来源是否与宗教有关	否	是	都有
组织对外是否宣传宗教	否	是	没有特意
组织的服务对象选取是否以宗教信仰为依据	否	否	否
组织的活动场所是否与宗教相关	否	是	是
组织的主要服务内容是否与宗教有关	否	是	是
组织是否隶属于特定的宗教组织	否	是	否
组织结构是否与宗教相关	否	是	否

续表

组织要素	同心慈善会	南普陀寺慈善会	佛教慈济慈善事业基金会
领导者的权威来源是否与宗教相关	否	是	是
组织的活动领域是否受限于特定的宗教场所	否	是	否
组织制度是否与宗教相关	否	否	是

本书从这三个组织的组织要素判断它们世俗化的程度不同,分别处于组织链的左端、右端和中间。同心慈善会是一个较为世俗化的佛教慈善组织,南普陀寺慈善会则是一个偏重于宗教性的佛教慈善组织,慈济是一个世俗与宗教兼具的佛教慈善组织。也就是说,本书认为这三个组织当中,同心慈善会与南普陀寺慈善会处于这个组织链的两端,而慈济基金会则位于组织链的中央。如图 2-3 所示。

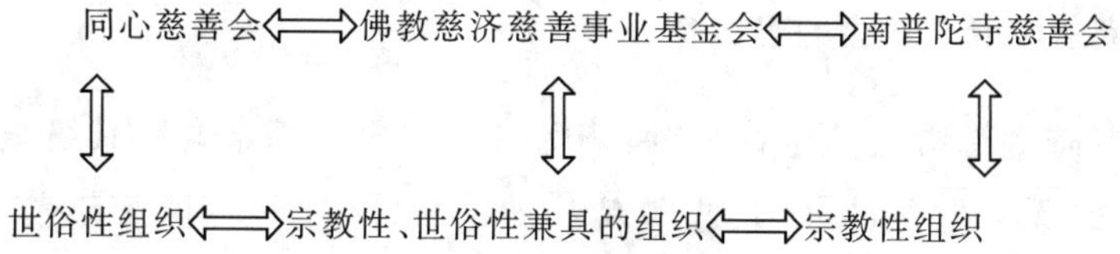

同心慈善会⟷佛教慈济慈善事业基金会⟷南普陀寺慈善会

⇕　　　　　　　⇕　　　　　　　⇕

世俗性组织⟷宗教性、世俗性兼具的组织⟷宗教性组织

图 2-3　闽台佛教慈善组织的身份

1. 同心慈善会的组织身份

我们从同心的相关网站、《安心月刊》,以及同心慈善会的相关规章制度得知,同心慈善会的全称是"厦门市同安区同心慈善会",组织宗旨(即使命)是"与人为善、同心协力、共创安心家园",组织理念是"养护心灵、关怀生命"。从同心组织的名称与使命来看,平常人从这两个方面是很难看出同心跟佛教有所联系。同心的创始人和会长都是广普法师,理事会主要成员来自社会各个阶层,既有政府机构领导,也有企业界代表,更有社会公益人士,还有来自佛教界的代表。但是,其绝大多数为非佛教界人士。同心的全职工作人员主要是社会的一般公众,或佛教居士;志工主要来源于普通的社会大众。故,从同心的组成人员看,佛教信徒或僧侣并不构成其主

体。作为一个合法登记的慈善组织,同心慈善会具有募捐资格,不受宗教场所的约束。因此,从同心资金的来源来看,它已经是一个世俗的慈善组织。另外,同心现有同心儿童院、同心义工中心、同心心灵养护站、同心癌症关爱中心,服务内容除上述以外,也包括一般的急难救助、教育救治、灾害救助等。服务内容与服务对象的选取一般与宗教无太大的关联。只是在从事急难救助、癌友关怀等方面,会注入一些佛教人文关怀精神在里面。作为一个独立注册的民间草根慈善组织,同心并不隶属于任何佛教寺院或佛教协会;同时,同心在借鉴其他慈善组织制度的基础上建立较为完善的组织制度,符合国家对一般民间组织的规范化要求,其组织结构也与宗教无关,组织的活动领域符合一般民间慈善组织的章程。从以上同心各种组织要素来看,虽然其创始人与领导者是佛教界人士,但是,它是一个世俗化的佛教慈善组织,与一般隶属于佛教寺院或佛教协会的佛教慈善组织不同。所以,我们综合以上各种同心慈善会的组织要素,将其组织身份界定为世俗化的佛教慈善组织。

2. 南普陀寺慈善会的组织身份

南普陀寺慈善会的全称是"南普陀寺慈善事业基金会",其组织使命就是佛陀的"无缘大慈、同体大悲",以及妙湛法师的"勿忘世上苦人多"的临终遗训。因此,南普陀寺慈善会的组织身份较为清晰,不管从哪个角度来界定,它都是一个佛教信仰较为浓厚的慈善组织。从南普陀寺慈善会的组织章程来看,南普陀寺的方丈自然而然兼任其会长,而且其组织最高机关是南普陀寺执班,其他机构的管理者或全职工作人员一般都是佛教僧侣。南普陀寺也有志工,并且从2009年开始进行了志工培训,其志工一般都是佛教居士。因此,从其人力资源来看,不是佛教徒就是佛教居士,是一个典型的具有宗教性的慈善组织。同时,作为附属于南普陀寺的慈善组织,其资金募集离不开寺院这一母体。不论是其多达4万多人的会员,还是依托寺院的佛教寺院经济,或是其他弘法收入,都浸透着宗教信仰与宗教因素。也就是说,从资源动员来看,南普陀寺的场域是受限的。这既是它的优点,也是其发展的局限。当然,佛陀大爱的精神使其服务对象的选取并不依据宗教信仰。南普陀寺慈善会也曾经为基督徒送去佛陀的大爱。而其所从事慈善的内容,包括社会救济、急难救助、义诊、教育救助,与佛教慈善传统密切相关。其活动场所、办公场所无一不依托南普陀寺;其组织制度除了遵守我国有关民间组织的政府规章制度外,也浸透着佛教丛林的法则。因此,南普陀寺既是一个依托佛教寺院的佛教慈善组织,也是一个浸透着宗教信仰的慈善组织。综上,我们可以从南普陀寺慈善会的组织要素,将其界定为偏重于宗教性的佛教慈善组织。

3. 慈济的组织身份

慈济功德会组织全称为"佛教慈济慈善事业基金会",其组织使命是"为佛教、为众生"。因此,从慈济的外在内涵来看,它是一个宗教性的慈善组织。慈济是由证严法师于1966年在台湾花莲地区创办的,目前证严法师仍然亲自掌舵,既是慈济的董事长,也是慈济的总执行长,是慈济的实际管理者和领导人。另外,慈济的董事会成员包括证严法师的出家弟子,慈济各志业的负责人,成员的主体是非佛教界人士;慈济的全职员工较为复杂,这是因为慈济的志业包括教育、医疗、人文,很多慈济全职员工是社会精英、专业人士,他们并不一定都是佛教徒,反而是慈济的委员、慈诚一般都是较为虔诚的佛教徒,所以,从慈济全职员工判断来看,慈济是一个宗教与世俗兼具的组织。还有,慈济庞大的志工队伍,来自社会各个阶层,慈济以包容的心态接纳不分种族、宗教信仰的各方人士,从这点来说,它又是一个较为世俗化的组织。慈济作为一个国际性的NGO,在几十个国家拥有分支机构,其资金来源既有台湾本土会员的长期捐赠,也有世界各地区慈济委员的募款,甚至大型灾害来临时,慈济也会走上街头,进行募捐。慈济募捐时,一般不打宗教的旗号,众多的捐赠者也亦非都是佛教徒。在慈济长期发展的历史里积淀下来的社会公信力成为众多捐赠者捐赠给慈济的主要原因。而宗教因素并非起决定性作用。慈济服务对象的选取只依据案主的实际困难程度,而不考虑他们的社会出身,包括种族、地域、宗教信仰,可以说,慈济是秉承佛陀"无缘大慈、同体大悲"的精神从事济世扶贫的事业。当年慈济首来大陆救灾,就是不以宗教信仰作为救助依据。而慈济服务内容包括四大志业、八大法印,亦即慈善、医疗、教育、人文四大志业,加上国际赈灾、骨髓捐赠、环保、社会志工合称八大法印。这些服务内容的

确定与发展是证严法师个人世界图像的现实化、具体化,是在佛教思想指导下从事慈善济世事业。因此,它是传统佛教慈善内容与现代慈善需要的完美结合。同其他附属于某个宗教组织的慈善组织不同,慈济也是一个独立的佛教慈善团体。证严法师不接受供养的理念,秉承中国传统农禅的精神,自力更生。当然,证严法师作为一个出家人,其所建立的"静思精舍"作为慈济人的心灵的故乡,带有浓厚的佛教色彩,慈济于2006年成立了慈济宗。但这并不意味着,慈济是一个附属于宗教团体的组织。因为,证严法师只是慈济的精神领袖和实际的管理者;慈济的财务、管理与法师个人的开支、日常生活是分开的。慈济目前是一个庞大的全球性NGO,其庞大的志业体系需要较为完善的组织制度。目前慈济志业中心以及较为完善的科层体制与世俗化组织无异,更不用说其他专业性的志业,如医疗、教育、人文出版等。因此,从组织制度上判断的话,慈济无疑是一个世俗化的组织。同时,慈济在招募志工、培训志工,以及发展慈济委员时,都会将慈济的精神理念灌输给他们。而慈济的精神理念就是证严法师"为佛教、为众生"的使命感,是佛教慈善思想的重要组成部分。因此,可以说,慈济是一个以宗教(佛教)精神理念为指导的世俗化的慈善组织。综上慈济各种组织要素,我们将慈济界定为一个世俗与宗教兼具的佛教慈善组织。

本书将同心、南普陀寺慈善会、慈济三个慈善组织分为三种不同类型的佛教慈善组织。这三种不同的组织身份也就决定了它们在社会交换中处于不同的地位。实际上,这既是它们组织自身选择的结果,也是闽台两地不同的社会制度环境形塑的必然结果。当然,并不是说明,何种组织身份更具有优越性,或者更能够适应现代社会发展的需要。这三种佛教慈善组织的存在都具有其现实的合理性与意义。首先,佛教世俗化是佛教融入社会、回报社会的途径之一。正所谓取之于社会用之于社会。佛教组织从社会吸取资源,通过慈善的方式回馈社会,既是其获得正当性的形式之一,也是提高其生存能力的一种方式。作为世俗化倾向较为显著的慈善组织,同心与慈济在闽台两地同样获得了生存与发展的空间。尽管慈济在台湾社会乃至华人社会的影响力较为显著,但是,我们也不能否认作为公民社会载体慈善组织的同心所具有的显著意义。佛教这种世俗化的方式,既为佛教在现代社会中找到了合适的发展空间,同时,也拓展了我们国家社的慈善资源。其实,慈济在台湾的发展也是从小到大,由弱到强,从花莲一隅发展至全台、全球性的慈善组织。同心虽小,也为身在闽地特别是厦门的人们从事慈善事业、服务社会提供了一个平台。其次,附属于佛教寺院的慈善组织,由于其特殊的宗教场域,其资源动员方式、社会交换方式,也明显不同于前述的同心与慈济两个组织。这种宗教场域是现实与历史结合的产物。历史上,佛教寺院曾经是中国古代重要的慈善资源来源,为古代社会的慈善事业做出了重要的贡献。这种建构在寺院经济基础之上的慈善事业具有其局限性。也就是说,附属于佛教组织的慈善事业,一旦寺院经济濒临破产,或者处于衰亡的边缘,那么,这种慈善事业就会萎缩,乃至消亡。新中国成立后,我国的宗教慈善基本消亡,一个根本原因就是寺院经济的萎缩与消亡。改革开放以后,随着我国经济的快速发展,得益于社会大环境的改善,寺院经济也逐渐恢复繁荣,有些地方,寺院经济成为当地经济的支柱(比如少林寺)。本着水涨船高的特性,建构于佛教寺院基础上的佛教慈善也快速发展。佛教界参与慈善的热情逐年高涨,累积了可观的慈善资源。

闽台两地的经济发展有着显著的差距。这实际上也是经济发展阶段的差异。台湾地区的佛教呈现出蓬勃发展的态势。四大佛教道场,其信众以百万计,累积的经济资源相当惊人。而慈济作为单纯的慈善组织,并没有建构在寺院基础之上。从最初的"竹筒岁月"的艰难募捐,到后来形成的庞大的会员体系,慈济走的是一条社会化的慈善募捐之路。而今作为拥有500万会员的庞大组织,显然,其成功之法就是契合了华人社会的"功德文化"。这显然不是寺院经济所能够承载的。它的成功除了证严法师的杰出领导之外,台湾经济起飞所造就的庞大的社会资源,以及稳定的中产阶级都为慈济发展奠定了良好的社会基础。而地处祖国东南的福建,虽然整体上发展在东部地区还比较落后,但是,在全国还处在中上的水平。而同心所在的厦门也处于全国发达地区之列。这也是同心发展的重要社会基础。同心作为一个草根组织,发展之初只是一个义工小组,仅靠这些参与者的热情以及广普法师的坚忍才使得同心从草根组织发展成为今天的规模,取得了合法登记的资格。同心也是目前大陆为数不多的世俗的佛教慈善组织。除了发展会员以外,同心也接收企业、政府,以及社会公众的捐款。也就是说,慈济与同心走的都是社会化的资源动员方式。

从以上的分析,我们可以归结出佛教慈善组织三种不同的组织身份,以及两种不同的资源动员方式。表2-2为我们详细列出了三个组织在世俗性、宗教性方面的区隔内容。

表 2-2 三个佛教慈善组织的组织要素内容

组织要素	同心	南普陀寺	慈济
组织使命	与人为善、同心协力、共创安心家园	无缘大慈、同体大悲	为佛教、为众生
组织领导者	广普法师	圣辉大和尚	证严法师
组织资源来源	社会捐赠	社会捐赠、寺产收入	社会捐赠
组织服务领域	社会救助、心灵养护等	社会救助	社会救助、教育、医疗、人文等
组织结构	科层制	丛林制	科层制

本章小结

佛教慈善组织的身份建构是其社会交换的一个基本前提,也是其区别于其他慈善组织和非营利组织的根本所在。影响佛教慈善组织身份建构的外部因素包括政治环境、法律制度,以及经济和社会发展需求;内部因素则包括佛教慈善思想、人间佛教理论、佛教慈善传统,以及佛教慈善组织的创始人。这些内外因素共同起作用,形塑了闽台两地佛教慈善组织的身份。总的来说,闽台两地佛教慈善组织发展的外部因素有所差异,而内部因素基本相同。这种发展环境的异同形塑了闽台两地佛教慈善组织的身份。本书在前述分析的基础上,结合学界提出了较为科学划分世俗组织、宗教非营利组织、宗教组织的学理依据,将闽台两地佛教慈善组织划分为世俗性的、世俗性与宗教性兼具,以及偏重于宗教性三种类型,而同心慈善会、南普陀寺慈善会、慈济就是闽台两地这三种类型组织的代表。本书选取这三个组织作为研究对象,能够体现闽台两地佛教慈善组织的发展现状与发展水平,因而得出的结论也就比较有说服力。

第三章

闽台佛教慈善组织的资源动员比较

佛教慈善组织所需要的社会资源种类众多,主要包括有形的物质资源、人力资源以及无形的合法性资源等。前者来源于社会公众(包括政府、企业、基金会等机构)的无偿捐赠与志工的无偿奉献;后者源自赋予合法性主体的认可、承认、接受。本章我们主要讨论佛教慈善组织微观领域的社会交换,亦即物质资源与人力资源的动员。前者主要是指金钱与实物,后者是指志工。在微观领域,佛教慈善组织与捐赠者之间的社会交换包含两个层面:其一是捐赠者提供了佛教慈善组织发展所需要的人力与款物;其二是佛教慈善组织满足了捐赠者某种心理与社会的需要,比如荣誉感、积功德、自我实现等。它们之间的社会交换模式如图3-1所示。

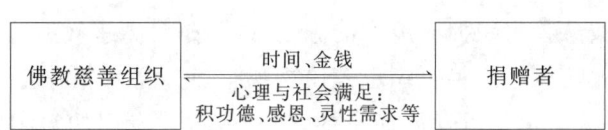

图 3-1 佛教慈善组织与捐赠者之间的社会交换模式

本章我们将探讨闽台两地不同类型的佛教慈善组织,在物质与人力资源动员方面的社会交换有何异同,初步总结出佛教慈善组织在微观领域社会交换的模式,为其他佛教慈善组织的资源动员提供一些借鉴。

第一节　闽台佛教慈善组织的志工资源及其社会交换模式比较

志工一般是指无偿将自己的时间、知识、技能奉献给社会,能够主动承担社会责任的个体[①],它是志愿服务的主体。志愿服务起源于西方社会,现已成为福利国家公共服务的重要补充,它所展现出来的奉献精神已经成为人类社会最为宝贵的精神财富之一。虽然志愿服务在我国起步较晚,但发展迅速,在环境保护、公益慈善事业等领域发挥了越来越重要的作用。在我国台湾地区,志工也成为社会事业发展的有力推动者。佛教慈善组织的发展同样离不开广大志工的积极参与。他们不仅是志工,更是佛教慈善组织的核心组成部分,成为佛教慈善组织发展慈善公益事业的主要推动者。闽台两地佛教慈善组织在志工动员方面存在一定的差异。本节,我们将在比较闽台两地佛教慈善组织所拥有的志工资源的基础上,建构它们的社会交换模式。

一、闽台佛教慈善组织的志工资源比较

台湾佛教慈善组织拥有庞大的志工队伍,是台湾宗教慈善志愿服务的主导力量。大陆佛教慈善组织也开始重视志工资源。个别组织,如同心慈善会,不仅是从义工队伍发展而来的,而且成立了专门的组织来管理志工队伍。

---

① 香港一般将志愿者称为"义工",以强调志愿服务的义务性;台湾则称为"志工",借以强调志愿服务是出于个体的志愿性。虽然,"志愿者"、"义工"、"志工"的含义有所不同,但是,本书将它们视为同一个概念。

(一)同心慈善会的志工资源

同心慈善会于 2007 年 7 月成立同心义工服务中心,是福建省首家以发展、培训、管理、输出义工为宗旨的专业性非营利机构,旨在传递"有爱心还要有方法"的义工服务理念,使"助人自助"落在实处。目前同心慈善会主要依托同心义工服务中心来招募和管理志工,其志工资源可以分为以下三类:

一是专业性志工,这类志工人数最少,只有十几位,一般是各个领域的专业人士,负责同心慈善会各种专业性慈善公益服务的讲授等。比如同心癌友关怀部,定期有瑜伽志工为癌友教授各种瑜伽训练方法。同心"幸福密码"的课程也是由一线心理学老师来传授相关的课程。这些义工虽然人数少,却是同心慈善会心灵讲座等各类服务的骨干力量。

二是同心义工服务中心举办各期志工培训班所招募的志工。同心义工服务中心到目前为止一共举办了 27 期志工培训班。参加培训班,并且符合同心结业与注册条件的志工是同心慈善会志工的骨干力量。目前在同心义工服务中心受训的志工约有 1200 人。此外,在每一期志工培训班期间还有大量的社会公众参加同心的各种慈善公益活动,他们不一定在同心注册,流动性比较大。这类志工也为同心的各项志业发展做出了重要的贡献。只不过由于没有注册而无法统计人数。

三是企事业单位的志工团体。这是同心慈善会当中比较特殊的志工。很多同心慈善会的共建单位组建了自身的志工队伍,他们聘请同心义工中心的培训老师为他们培训本单位的志工。这些单位的志工队伍也会参加同心慈善会的活动,如参加同心儿童院的志愿服务。这类志工虽然不是同心慈善会志工的主体,但却是扩大同心社会影响、提升其社会知名度的重要载体。

同心慈善会的志工队伍在其发展历程中扮演着重要的角色。一是志工是同心慈善会社会服务的供给者。同心慈善会有四大志业:分别是义工服务中心、同心儿童院、癌友关怀部和慈善事业。一些专业性比较强的服务项目,如癌友关怀等服务项目需要专业志工的参与才能完成;义工服务中心的四大项目,包括长者关怀、助学、环保和急难救助的服务,也离不开

一般志工的积极参与。也就是说,同心慈善会社会服务供给的过程也就是志工参与志愿服务的过程。二是志工是同心慈善会员工的主要来源。同心慈善会的志工培训实行阶梯式的模式。① 在一般义工常识培训完以后,有意于长期投入同心慈善事业的义工就会被同心慈善会发展成为员工。

(二)南普陀寺慈善会的志工资源

南普陀寺慈善会一直没有建立起自己的志工队伍。该慈善会的母体组织——南普陀寺从2009年开始招募了两批志工,分别于2009年9月和2010年5月开办了两期志工培训班。目前,南普陀寺拥有志工约1000人,并建起金刚组、导游组、接待组和会务组等志工小团体。这些志工平时并没有参与南普陀寺慈善会的工作,在组织上也没有隶属关系。不过,他们偶尔参加南普陀寺慈善会的物品发放活动,或者参加南普陀寺慈善会组织的放生,或者在南普陀寺慈善会为其会员举办法会时维持秩序。可以说,这是一种最低层次的参与。当然,南普陀寺慈善会也有少数志工在其赠送处和寺院的募款处从事志愿服务。但是,其志工资源对其发展的影响微乎其微。

从以上闽台两地佛教慈善组织志工资源的分析中,我们可以看出,台湾地区慈济志工无论从规模上,还是从专业水准上,都远远超过了福建地区的佛教慈善组织。首先是志工的规模。这一点较为明显。慈济拥有众多次级志工团体,并且每个团体的人数都是以万计。而福建地区同心慈善会志工人数不过千人;南普陀寺慈善会志工资源几乎还处于起步阶段。其次是专业能力。慈济经过近50年的发展,形成了较为完备的志工培训体系。慈济对志工的言谈举止都有着明确的要求,"蓝天白云"业已成为慈济志工的社会形象。不论是慈济的赈灾效率,还是他们入户访视、社会调查的能力都远胜于福建地区的佛教慈善组织的志工。当然,作为福建省第一家志工培训组织,同心义工服务中心在其志工专业能力的建设上也初步形

---

① 本书将"义工"、"志工"、"志愿者"视为同一个概念。但是,同心慈善会将"义工"和"志工"的概念严格区别使用。前者与本书的理解相一致;后者是指认同同心理念,愿意长期投入同心各项志业的同心"义工",实际上就是同心的领薪员工。

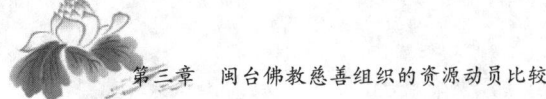

成了一套行之有效的培训体系。一些志工的专业能力发展也是有目共睹，他们当中的一些人通过民政部组织的"社工职业认证"，具备了相当的职业素养和能力。但是，由于发展历史较短，经验积累有限，因此，他们的专业能力不能与慈济相提并论。最后是对组织发展的影响不同。志工对慈济与同心慈善会的发展做出了杰出的贡献，业已成为组织的核心组成部分。而对于南普陀寺慈善会来说，志工对其发展的影响基本可以忽略不计。

（三）慈济的志工资源

慈济是台湾最大的佛教慈善团体，以其庞大的志工队伍和高效动员机制而著称于世。慈济的志工可以分为三类：其一是已经成为慈济骨干的资深志工，包括慈济委员、慈诚；其二是其他慈济的次级团体，包括慈济国际人医会、慈济教师联谊会、慈济大专青年联谊会、慈济警察暨眷属联谊会；其三是慈济的一般志工，包括环保志工、医疗志工等。同时慈济还根据志工从事服务内容的不同，将他们分为福田志工、环保志工、香积志工、人文志工等。实际上慈济的这些志工已经形成了属于慈济的次级团体。它们由不同的志工所组成，从事着不同的服务，共同支撑起慈济这座慈善组织大厦。

1. 慈济委员[①]

在证严法师成立慈济功德会后，当年热心参与会务的委员，除了向人募款之外，也负责慰访贫户，亲手施赈，进而组织了"慈济委员"的志工队伍，成为日后推进慈济志业发展的重要力量。作为慈济最为核心的次级团体，慈济委员为慈济各项志业的快速发展立下了汗马功劳。特别是在慈济发展初期，慈济委员几乎是慈济全部的人力资源依赖，无论是赈灾还是居家关怀、访视，都离不开慈济委员的亲力亲为。慈济委员是证严法师在家皈依弟子，是慈济的忠实"信徒"。早期的慈济委员是在与证严法师共同创

---

① 慈济基金会. 柔和忍辱：慈济委员[EB/OL]. http://www.tzuchi.org.tw/index.php?option=com_content&view=article&id=233%3A2008-11-17-04-53-53&catid=86%3Atzuchi-groups&Itemid=344&lang=zh, 2009-02-17.

业中成长起来的。她们为了践行证严法师"为佛教、为众生"的理念,不辞辛劳,积极投入到慈济的募款与济贫工作之中。她们是融入程度最高的慈济次级团体,她们的形象也是慈济获得社会公众信任的保证。但是,任何一个组织的发展必然会遇到瓶颈。慈济委员在日常的活动中显示出人文精神的欠缺。为了解决这个问题,从 20 世纪 90 年代开始,慈济开始培训慈济委员,举办了各种形式的"慈济精神研讨会",以期通过培训使得慈济委员能够成为慈济志业发展的支柱。目前,所有的慈济志工或会员要成为慈济委员都必须经过数年的培训、考查和授证。慈济委员也伴随着慈济志业的发展而不断地增加,人数也从早期的 30 人增加到今天的 3 万多人;分布的地域也从花莲一隅,发展至全台乃至全球 30 多个国家和地区,成为慈济志业国际化的重要推手。

2. 慈诚队[①]

慈济最早是由一群家庭妇女组成的慈善团体,后来才逐步有男性成员加入。1989 年慈济护专开学,男居士自动组织起来,配合庆祝开学 2 万人大活动的秩序维持工作,称为"保全组"。1990 年 7 月 25 日,证严法师寄予人人内修外行,正式命名"慈诚队"。慈诚队的成员来自社会各阶层的男众,其任务除了负责慈济花莲本会、分支会、联络处勤务,以及担任慈济医院志工,参与支援慈济各项活动如区域性茶会、骨髓捐赠验血、净山等大小活动,还视情况、人力、时间,至慈善机构、荣民之家及少数民族部落,积极发扬佛教"无缘大慈、同体大悲"的精神。根据慈济的相关章程,要成为慈诚队员,须经严格遴选,并愿接受"慈济十戒"革除不良嗜好,再经过一年的见习、一年以上的培训,合格后,再经证严法师亲自授证,才可以成为正式慈诚队员。

自 1996 年起,鉴于灾难事故频传,慈济人经常在重大灾难发生时紧急动员协助,因此,慈济基金会结合慈济各家医院、各地救难协会、警政消防

---

① 慈济基金会. 护法金刚:慈诚队[EB/OL]. http://www.tzuchi.org.tw/index. php? option = com_content&view = article&id = 214%3A2008-11-17-04-53-53&catid = 86%3Atzuchi-groups&Itemid = 344&lang = zh,2009-02-17.

单位,共同筹划"慈诚紧急救难训练"课程,每年全台分区巡回举办,以提升防灾、救灾能力。通过严格的培训,慈诚已成为继慈济委员之后又一核心骨干力量,不仅有力地推动了慈济各项志业的发展,而且改变了慈济单一女性主体的组织形象,提高了慈济紧急灾害的应对能力与速度。可以说慈诚队的组建与发展是慈济志工队伍发展的另一个重要里程碑。它的意义不单单在于改变了慈济单一妇女慈善团体的状况,更是提高了慈济整个团体的素质,以及行动的高效性。慈诚队的建立还扩大了慈济的社会基础,使得更多人认可和参与慈济的各项志业,无形中成为慈济事业发展的倍增器。自慈诚队成立以来,慈诚的人数也在迅速地增加,分布地区也扩展至全台乃至全球20多个国家和地区,人数也从1993年的1600多人增加到2009年的22211人。

3. 国际慈济人医会[①]

1996年,一群来自社会各大医院、私人诊所有心的医师、药剂师、护理师,在证严法师的号召下,以"医病、医人、医心"为宗旨,成立了"慈济医事人员联谊会",1998年更改为"慈济人医会",并于2000年召开了"国际慈济人医会"首届年会,对外正式宣告该组织的成立。它的建立让有爱心、想回馈社会的医师们有一个平台可贡献所长。国际慈济人医会的建立,为慈济从事医疗救助,特别是大型灾害的医疗救助提供了大量的医护人员,为慈济有效地提供医疗救助服务奠定了基础。目前,国际慈济人医会在全球15个国家和地区拥有会员,设有医疗救济点近60个,拥有成员8669人,成为慈济医疗志业重要的支撑力量。

---

① 慈济基金会. 国际慈济人医会[EB/OL]. http://www.tzuchi.org.tw/index.php?option＝com_content&view＝article&id＝388%3A2009-01-21-05-45-04&catid＝86%3Atzuchi-groups&Itemid＝344&lang＝zh,2009-02-16.

4. 慈济教师联谊会①

慈济教师联谊会成立于1992年7月2日,其主要成员是来自台湾各地学校的教师,也包括社教机构、学术研究机构的专业人员。该协会以"研讨慈济人文精神,融入教学活动中;净化校园、祥和社会"为宗旨,通过自编的教材《大爱引航——静思语教学》,以及《爱的希望》和《生命的美学》等辅助教材,将证严法师的《静思语》融入日常的教学中,以弘扬慈济的人文精神,培养学生健全的人格。

5. 慈济警察消防暨眷属联谊会②

1991年前后,台湾多地发生警察自杀案件,台湾当局在各级警察机构设立"心理辅导室"关心警察人员的家庭、生活。为了深入关怀警察及其家庭,慈济志工翁千惠、庄文坚和施紧等人于1994年成立"慈济警察消防暨眷属联谊会",除了关心警察、交通、消防、保安等工作人员及其眷属的身心问题,也带领他们参加慈济的志愿服务。慈警会成立的主要目的是通过慈济志工对警察及其眷属的各种人文关怀、心理辅导,缓解他们的生活压力。慈警会的成立让很多警察抛开了工作烦恼,借由对慈济的感恩,很多人纷纷参与慈济的各项志愿服务,成为慈济重要的志工来源。

6. 国际慈济人道援助会③

"国际慈济人道援助会"(Tzu Chi International Humanitarian Aid Association,TIHAA)成立于2004年8月13日,其主要成员是来自慈济

---

① 慈济基金会.慈济教师联谊会[EB/OL]. http://www.tzuchi.org.tw/index.php?option=com_content&view=article&id=386%3A2009-01-21-05-26-15&catid=86%3Atzuchi-groups&Itemid=344&lang=zh,2009-02-06.

② 慈济基金会.慈济警察消防暨眷属联谊会[EB/OL]. http://www.tzuchi.org.tw/index.php?option=com_content&view=article&id=389%3A2009-01-21-05-56-19&catid=86%3Atzuchi-groups&Itemid=344&lang=zh,2009-02-06.

③ 慈济基金会.国际慈济人道援助会[EB/OL]. http://www.tzuchi.org.tw/index.php?option=com_content&view=article&id=394%3A2009-01-21-06-10-32&catid=86%3Atzuchi-groups&Itemid=344&lang=zh,2009-01-21.

的企业家志工,目的是通过慈济企业家志工所在企业的研发,依据灾民的衣食住行,以及信息通信的需要,开发符合慈济环保与人文理念的救灾物资,通过及时高效的物资输送,以提高慈济的救灾效率。

此外,慈济的志工资源还包括慈济环保志工、人文志工等志工群体,他们为慈济的志愿服务做出了卓越贡献。另外,慈济还成立了慈诚懿德会,为慈济学校的青少年送去"家庭式"的关爱,帮助他们顺利完成学业,克服人生道路中的各种困难。

二、闽台佛教慈善组织志工的社会交换模式比较[①]

志工是闽台两地佛教慈善组织发展的重要推动力量。离开了广大志工的积极参与,佛教慈善组织的发展就成为无源之水。因此,志工对于它们的意义十分重大。社会交换理论认为,要促成交换的发生,交换的双方必须能够为对方提供其所期待的"报酬"。佛教慈善组织虽然不能够为志工提供丰厚的物质报酬,但是,从事志愿服务所带来的内在报酬,比如荣誉、自我成就感、社会交往等,是吸引志工重要的内在因素。因此,佛教慈善组织必须在其各项活动中,向志工展示他们能够得到的"报酬"以吸引志工积极投身到志愿服务中来。

(一)志工的需求

根据人性需求理论,人之所以参与一项活动是为了满足特定的需求。这种需求可能是生理上的,也可能是精神上的。如果人的需求不能被满足就会产生生理上的匮乏,以及精神上的颓废。因此,志工参与志愿服务是为了满足特定的需求。根据台湾学者陈武雄的分析,[②]志工参与志愿服务是为了满足下列需求:归属感需求(亦即透过参与志工团体,得以与他人产生相互依赖与相互扶持的气氛)、参与感需求、方向感需求、新鲜感需求、使

---

① 由于南普陀寺慈善会志工参与其慈善活动较少,故本部分只讨论慈济基金会与同心慈善会的志工社会交换模式。

② 陈武雄.志愿服务的理念与实务[M].台北:台湾志愿服务协会,2001:34-36.

命感需求、乐趣感需求、自我感需求、激励感需求、成就感需求、荣誉感需求等。可见,志工参与志愿服务的需求是多元化的。另外,著名心理学家马斯洛曾经提出了人类需求的五个层次,即生理需求、安全需求、社会需求、尊重需求、自我实现需求。在这五个层次当中,前两个层次属于物质层面的需求,后三个层次属于精神层面的需求。对于志工而言,他们显然是追求精神层面上的满足。马斯洛在1969年在其五个层次需求的基础上增加了第六种需求[①],即超越自我的灵性需求,所谓灵性需求,是指人类最高层次的行为需求,在超越满足一己之私,而升华为牺牲、服务、奉献。志工从事志愿服务所得到的最高需求就是灵性需求。不过,本书的灵性需求不仅包含马斯洛的自我牺牲、服务与奉献的灵性需求,更包含自我心灵的成长需求,以及宗教皈依的灵性需求,亦即本书扩大了灵性需求的外延,将宗教信仰需求与内在心灵的满足纳入进去。志工参与志愿服务的动机是多样化的。台湾当局相关主管部门对志工参与志愿服务的动机进行过专门研究,发现"行善助人与宗教信仰"是台湾地区民众参与志愿服务的两大动机,所占比率超过一半。如表3-1所示。

表3-1　台湾地区志愿服务参与动机

参与动机	参与比例(%)
学习新知及技能	7.93
结交朋友	12.09
可发挥所长	6.78
行善助人	36.52
宗教信仰	22.64
受团体宣传之影响	5.66
受朋友或家人影响	6.01
打发时间	1.52
其他	0.85

资料来源:"行政院"主计处.社会发展趋势调查暨社会参与延伸调查报告[R].台北:"行政院"主计处,2000.

---

① 江明修.志工管理[M].台北:智胜文化事业有限公司,2003:27.

实际上不仅志工的参与动机多样化,而且在志愿服务不同阶段,志工的参与需求也是不一样的。一般来说,初次参与志愿服务的参与者更多的是抱着一种学习、交往的态度从事志愿服务。但是,随着他们参与的深入,特别是他们成为组织稳定的志工时(如慈济的委员、慈诚,同心慈善会的志工),他们的参与需求往往都是为了满足心灵成长的需要,也就是马斯洛需求层次当中的灵性需求。不过,慈济委员、慈诚的灵性需求更多是与佛教联系在一起。总之,从以上关于志工的需求可以看出,在社会交换过程中,慈善组织只有充分满足他们的各种需求,才能与志工进行社会交换,为组织带来稳定的人力资源保障,进而实现组织的可持续发展。而佛教慈善组织与志工社会交换的第一个环节就是"社会吸引",也就是说,佛教慈善组织只有向志工展示参与志愿服务的价值,才能吸引他们参与。因此,下面我们就来详细分析和比较闽台佛教慈善组织志愿服务的价值及其体系。

(二)佛教慈善组织与志工社会交换过程

佛教慈善组织与志工的社会交换过程体现在两个方面:其一是组织招募、培训志工的过程;其二是组织使用志工的过程。当然,这两个过程并不是严格区分开来的。这是因为,佛教慈善组织将志工培训与志工所从事的志愿服务结合起来,以培训促行动,以行动促觉悟,让志工在服务的过程中提升自我。根据布劳有关社会交换过程的理论,佛教慈善组织与志工的社会交换过程也经历了吸引、竞争、分化和整合(冲突)四个过程。

1. 吸引

佛教慈善组织一般都会举办各种形式的纳新会。在纳新会上,慈善组织会向参会者介绍组织的各项志业,以及从事志愿服务的意义,并且通过资深志工的现身说法,以期通过展示志愿服务所具有的价值来吸引社会公众参加其组织的志愿服务。一般来说,参加纳新会的社会公众大都是通过其朋友、家人、同事等人际渠道来参加的。在参会之前本身就已经有一定的意愿参与佛教慈善组织的志愿服务,因此,通过组织的展示在一定程度上可以吸引他们参与。另外,在这个多元社会的时代,社会上有众多志愿服务团体。佛教慈善组织以佛教为其组织文化背景,以草根性作为其区别

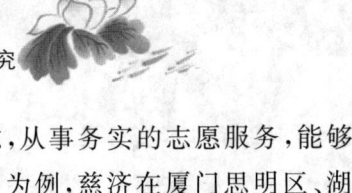

于官方志愿团体为主要标志,从事务实的志愿服务,能够展示人性中较为纯真的一面。以慈济在厦门为例,慈济在厦门思明区、湖里区每一次的心灵讲座(亦即纳新会)都会吸引大量的社会公众参与。初识慈济的社会公众都被慈济所从事的慈善志业所震撼。而且,慈济将招募志工视为其组织发展的核心动力,证严法师更是提出了"人间菩萨大招生"的口号,要求慈济人不遗余力地招募新成员。同时很多被救助的对象感恩佛教慈善团体的善行,也纷纷加入到志工的行列。例如,慈济在四川灾区救助地区成立当地的环保组织,参与者都是先前被救助的灾民。

  佛教慈善组织的社会吸引不能仅仅停留在前述的宣传阶段,还必须通过具体的志愿服务展现出来。只有这样才能吸引并留住志工继续参与组织的志愿服务。闽台佛教慈善组织志愿服务的价值包含三个层次:其一是志工身份本身;其二是志愿服务本身所具有的社会奉献价值;其三是有效的阶梯式的激励机制所带来的成长价值。闽台两地的佛教慈善组织都对其志工身份有着严格准入制度。要成为佛教慈善组织志工的一员,必须经过严格的志工培训,累积足够的志愿服务时数,并通过考核后才能正式成为其志工。因此,佛教慈善组织的志工身份来之不易。以慈济为例,其志工必须经过一年的培训、见习,参加各项活动,并通过慈济委员或慈诚的推荐,才能正式成为慈济志工。要成为委员更要经过3~4年的培训。与此同时,慈济志工在台湾具有很高的社会声望,"蓝天白云"是社会对他们形象的生动概括,已经成为台湾社会道德的象征。因此,慈济志工身份本身具有很高的社会公信力。这种社会公信力对于志工来说有着很强的吸引力,是推动他们献身志愿服务的重要内在推动力量。同心慈善会的志工也实行较为严格的准入制度。其志工同样必须参加培训、累积一定的服务时数,通过考核后才能成为注册志工,对外代表同心慈善会。不过,由于同心慈善会的社会影响力还比较有限。因此,其志工身份的社会公信力与社会影响力还有很大的提升空间。

  闽台两地的佛教慈善组织的志愿服务包括济贫赈灾、居家关怀、长者关怀、急难救助等一系列内容。这些志愿服务不仅帮助了社会弱势群体摆脱了贫困,获得了社会的温暖与关爱,而且展现了人性中光辉的一面,是社会公平、正义等价值的重要载体,体现了社会群体之间相互扶持、相互关爱的大爱精神,是加强社会团结的催化剂。因此,闽台两地佛教慈善组织所举办的慈善公益活动具有很高的社会奉献价值。同时,闽台两地佛教慈善组织的志工主体是女性。由于华人社会一直以来"男主外、女主内"的家庭结构,女性群体社会参与程度远远不及男性。闽台两地佛教慈善组织为这些"主内"的女性群体参与社会提供了一个非常好的平台。证严法师对台湾社会重要的贡献之一,就是将占台湾人口一半的家庭妇女动员起来参与志愿服务。佛教慈善组织为这些传统上"主内"的女性群体展示自我、发现自我提供了一个大舞台,大大提高了她们自身的社会价值。这也是慈济为何会吸引众多家庭主妇参与志愿服务的一个重要的社会心理基础。

在志工激励方面,闽台佛教慈善组织除了重视一般的精神激励外,比如厦门同心慈善会在每年会评出优秀的志工,以激励他们更好地从事志愿服务,更多的是以阶梯式的成长作为一种激励机制。这是一种长效的激励机制,是典型的"激励因素"。比如,慈济志工有着严格的等级体系,其志工可以分为:社区志工、培训志工、培训委员、委员四个等级。不同等级的志工所承担的责任是不一样的,在组织体系中的地位也是不同的。随着志工逐步投入慈济的志业之中,其所负责的事项与承担的责任逐渐在增加,获得组织的认可度也在不断地提升。这本身就是对他们一种最大的激励。同心慈善会的志工虽然没有严格的分类体系,但是,其也积极发展资深志工,以期他们能够成为同心志业发展的骨干。

2. 竞争

这里的竞争与其他志愿服务组织志工的竞争不同。某些志愿服务组织的志工岗位往往有限,申请者之间需要通过竞争才能获得从事志愿服务的机会。比如大学生志愿服务西部计划、大型体育赛事(比如奥运会)的志愿者岗位往往非常有限,而且有些岗位需具备一定的技能才能担当。通过志工申请者之间的竞争,志愿服务组织能够遴选出符合组织需要的志工。而佛教慈善组织志工之间的竞争不是通过争取有限的志工岗位来体现,而是通过志工本身投入程度来区隔。佛教慈善组织会向参与志工提供各种各样的岗位,比如慈济有环保志工、人文志工、香积志工、医疗志工等;同心慈善会有助学志工、环保志工、长者关怀志工等。佛教慈善团体会根据志

工个人的兴趣爱好,以及他们的能力和特长来安排志愿服务岗位。佛教慈善团体不存在志工岗位有限的问题。但是,随着志工对志愿服务投入程度的不同,他们之间出现了竞争。那些长期投身志愿服务的志工,成为佛教慈善团体的资深志工,甚至是骨干成员。而那些投入不足或参与程度不高的志工要么脱离组织,要么只是偶尔参与,对慈善组织的贡献自然不能与那些长期投身的志工相比。另外,佛教慈善组织对志工阶梯式的培训体系是造成他们之间竞争的内在机制。佛教慈善组织在考察志工投入程度的基础上,通过阶梯式的培训选拔其中比较优秀的志工委以更大的责任、更多的任务。这样就使得志工之间出现了竞争,那些较为认同组织理念,愿意为组织做更多奉献的人就在竞争中脱颖而出,成为志工中的佼佼者,有些志工甚至进入组织的管理层,成为组织创建者的左膀右臂。

3. 分化

志工之间的竞争必然导致他们之间出现分化。当那些为组织奉献更多、更具有专业知识的志工从众多志工当中脱颖而出的时候,志工们的分化就已经显现出来了。在同心慈善会中,志工们的竞争激烈程度,以及分化不是特别明显。但是,同心慈善会也会将那些投入组织更多、更具专业素养的志工培养成组织的骨干。同心志工可以参加一般义工培训,掌握基本志愿服务常识;而那些骨干成员则接受讲师培训,甚至参与更为专业的社工培训,成为专业人士。而慈济志工之间的分化则更为明显。慈济志工分为社区志工、培训志工、培训委员、委员(慈诚)四个层级。在慈济的组织体系中,基层社区的实际领导者一般都是资深的慈济委员(或慈诚)。以慈济在厦门的联络处为例,它的负责人是一位台商,参与慈济已有十五载,是慈济在厦门地区最为资深的慈诚,为慈济在厦门地区慈善事业的扩展做出了重要的贡献。

4. 整合(冲突)

在布劳看来,社会交换过程中会产生权力结构的分化,那些在社会交换过程中拥有优势资源的交换者就会获得社会的权力,并且获得社会交换中的最高报酬——服从。佛教慈善组织与志工的社会交换过程中,那些高投入、充分认同组织理念,并且拥有较高专业素养的志工,就会取得对其他志工领导的权力。不过,他们之间的权力结构并不是充分的领导关系,而是建构在志愿服务基础上的一种分工关系。例如,同心义工服务中心下设助学组、急难关怀组、长者关怀组、环保组,在这些组别的志工中,充当领导的一般都是资深义工。他们之所以取得了这种"领导"地位,是因为他们更有时间和精力投入到同心的各项志业中去。还有,同心义工每一期的培训,总会产生"班委",这部分群体也是志工群体中的"权力"的掌握者。不过,志工群体中的"权力"更多是用来服务的,而不是用来控制和奴役人的。位于慈济志工体系顶端的资深慈济委员或慈诚,就承担起慈济基层社区管理者的角色,他们对于慈济志业的发展起到核心骨干的作用。通过这种竞争、分化与整合,佛教慈善组织就建立起了比较稳固的志工组织体系,提高其组织志愿服务的效率。但是,随着社会人口流动性的增加,当现实条件不允许志工继续参与志愿服务时,他们就有可能脱离原有的慈善组织。这时候,志工之间就出现了"冲突",那些脱离人员就不再跟组织有任何关系。但是,这种情境跟布劳所提出的社会交换中的"冲突"是有区别的,他们最多是一种疏离的关系。不过,这种志工的流动性对佛教慈善组织如何留住志工提出了新的挑战。慈济通过这种等级体系,为组织培养了慈济委员、慈诚等一批较为稳定的次级志工群体,为慈济志业的发展提供了稳定的人力资源保障。而同心慈善会的人员流动性就比较高,早期的一批核心志工成员大量流失。慈济的志工社会交换过程为福建地区佛教慈善组织如何更好地留住志工提供了宝贵的经验。

(三)闽台佛教慈善组织志工的"报酬"比较

根据布劳的社会交换理论,社会交换双方必须相互给予对方期待的"报酬",这样才能使得交换进行并持续下去。在佛教慈善组织与志工的社会交换中,志工奉献人力(包括时间、技能、知识)给慈善组织,而慈善组织也必须提供相应的"报酬"给志工。总的来说,闽台佛教慈善组织给予志工的"报酬"有三类:一是"家的隐喻";二是组织为志工所举办的各种活动与服务,比如慈济的各种联谊会,可以扩大志工个人的社会资本,而同心慈善会的各种心灵讲座可以提高志工个人的心灵素养;三是志工本身借由志愿服务的参与而获得的各种心理满足,比如自我成就感,以及灵性需求等。

1. 闽台佛教慈善组织"家的隐喻"比较

在华人社会中"家"是非常重要的文化概念,它不仅是华人社会的基本细胞,也是华人精神依归和心灵的港湾,"家文化"更是中华文明的精髓与民族的灵魂,它起到了培养亲情、稳定社会、教育后代的作用,是中华民族延续世代、传递文明的基本载体。因此,"家"对于华人与华裔有着天然的吸引力。闽台佛教慈善组织都以"家的隐喻"来建构一个有着"家"的氛围的组织文化。这是闽台佛教慈善组织志工参与其志愿服务的最为重要的"报酬"之一。

在"家的隐喻"方面,闽台佛教慈善组织有着显著的差异。慈济在"家的隐喻"方面形成了比较完善的体系。首先,在慈济整个"家"的体系当中,证严法师不仅是他们的"师父",更是数百万慈济人的"家长",是他们的精神"父母"。而位于台湾地区花莲县的"静思精舍"更是被看成慈济人心灵的故乡。所有的慈济志工都以能够到花莲的静思精舍接受证严法师的亲自授证,成为慈济委员为最高精神激励。更多的慈济志工则是到花莲拜访,寻找自己心灵的归属。其次,慈济"家的隐喻"还通过一系列的仪式加以强化。不论是在慈济,还是在同心慈善会,所有男性志工皆称为"师兄",所有女性志工皆称"师姐"。这种家庭式的隐喻可以提高组织成员的凝聚力。此外,慈济"家庭成员"还包括"慈少"、"慈青"。慈济大学学生一般称年长的慈济委员为"爸爸"或"妈妈"。这种模拟家庭亲属成员的称呼,使得所有慈济志工都有一个"家"的感觉,构成了慈济庞大的"家"的网络。同时,慈济依靠其全球分会以及联络点的广泛分布,使得全球慈济人无论身处何地,都能够找到组织,找到"家"的归属。[①]

相比而言,同心慈善会"家"的文化氛围没有那么浓厚,但并不代表组织没有这种文化。到目前为止,同心慈善会的义工培训已经进行了 27 期,注册志工 1200 多人。同心慈善会的每一期志工培训都会成立一个班级,

---

① 吴春波,于强. 宗教慈善团体人力资源管理模式分析:以台湾慈济基金会为例[C]//"21 世纪的公共管理:机遇与挑战:第三届国际学术研讨会"论文集,2009.

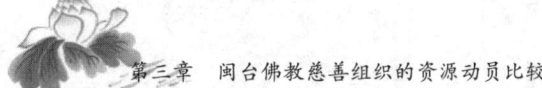

选出班委以组成骨干领导,并且起"班名",如祥云班、海洋班、柴火班、水滴班等,还给每个班级配以"班歌"。虽然,每期培训结束以后,有些志工团体的凝聚力比较差,团队涣散,但是,通过这种"家的隐喻",同心慈善会还是成功培训了很多义工次级团体。以海洋班为例,这一期培训的义工是同心当中凝聚力较好的一个集体,他们已经在同心慈善会的指导下自己募款,自己确定救济对象,自己开展各种公益慈善活动。目前,正在积极筹备注册成为同心的下属组织。这种"家的隐喻"无疑极大地提高了志工个体的凝聚力和归属感,成为他们持续、积极地参加志愿服务内在的精神动力。

另外,在"家的隐喻"方面,同心慈善会还有一个地方不如慈济,那就是新旧志工之间的联系不如慈济紧密。一些学者研究发现,新旧成员情感上的连带和密切互动,是使新成员能够投入到一个团体的必要条件;如果组织不产生新旧成员之间的情感连带,一个新成员要对组织的进一步投入几乎是不可能的。[①] 一般来说,同心慈善会在义工培训时,会邀请资深志工来讲授培训课程,或者分享他们从事志愿服务的心得体会,以使新进志工更好地了解同心慈善会的各项志业。但是,新志工只有在参加大型活动,或者参加同心举办的心灵讲座时才能相互接触认识。而这种相互接触的机会并不是每一个志工都能够得到的。这样就限制了志工通过同心扩大社会网络的机会。而慈济在这方面做得比较完善。慈济通过"以旧带新"的方式维系着组织内新旧志工之间的情感纽带。老资格的慈济委员、慈诚、志工,要关心新进志工、委员的成长,并相互关怀对方的家庭生活和工作状况,在从事志愿服务时,给予精神支持和指导。这方面,慈济新进志工不仅在参加志愿服务时,能够接触到慈济的老志工,亲身体验他们是怎样从事志愿服务、怎样践行慈济的精神理念的,而且可以通过慈济举办的新成员培训活动、社区共修、读书会、茶道、花道等一系列聚会感受到志工团体之间"家"的关爱。

2. 闽台佛教慈善组织为志工举办的各种活动与服务比较

佛教慈善组织在为志工提供培训,提高他们的专业素养的同时,还举

---

① 吴春波,于强.宗教慈善团体人力资源管理模式分析:以台湾慈济基金会为例[C]//"21世纪的公共管理:机遇与挑战·第三届国际学术研讨会"论文集,2009.

办各种类型的心灵讲座、联谊活动,以提升志工的精神品质与生活质量。这是佛教慈善组织志工参与志愿服务的重要"报酬"之一。这些活动的开展不仅提高了佛教慈善组织对志工的吸引力,而且为志工自我精神的熏陶,以及相互之间的情感交流提供了一个很好的平台。慈济的志工活动除了一般性的社会救助、环保、居家关怀之外,借由茶会、慈济列车、社会共修、读书等各种各样的集体互助活动(如表3-2所示),让成员之间可以分享人生体验,建立组织内部的友谊,提高组织成员的凝聚力。另外,很多人举家成为慈济志工,成就了众多慈济家庭的佳话。家庭和睦,夫妻相敬如

表3-2 慈济集体活动表

活动种类	活动分类	活动目的	举办的形式
慈济志业活动	救助活动	急难救助	急难救助
	访视活动	长期救助/社会关怀	居家关怀、社区关怀、养老院关怀、照顾户关怀、冬令发放
	医疗活动	医疗义诊;建立骨髓资料库	下乡巡回义诊、骨髓捐赠验血活动、社区健康咨询、医院志工等
	环保活动	带动环保理念与行动	资源回收、扫街活动、净山净滩活动
教育训练类活动	培训活动	功能面(工作所需的知识培训)、精神面(慈济精神)的训练	委员慈诚培训、慈育队培训之研习营、全球慈济人研习营、各功能团体培训课程
	研习活动	培养慈济人文	花艺研习、手语研习、茶道研习、书法研习等
联谊性活动	社区共修	修行	法华经共修、乐师经共修、念佛共修、拜仪共修、三十七道品共修
	组织联谊	慈济"大家庭"聚会	全球慈济人联谊、全球慈济祈祷晚会
	团队联谊	心得分享、联络感情、会务信息传送	慈诚联谊、委员联谊、慈济茶会、寻根之旅、慈济列车、慈济志工联谊
	社区联谊	联络社区居民感情	社区茶会、社区团康、社会环保联谊社、社区亲子活动、快乐儿童营、儿童精进班

续表

活动种类	活动分类	活动目的	举办的形式
共修活动	各组织共修	联络感情、交换经验、传达信息	全球慈济委员、慈诚干部精进佛一,培训慈诚、慈懿精进佛一
	各团队共修	心得交换与分享、知识经验交流、联络感情	慈诚共修、委员共修、儿童精进辅导爸妈共修、外语队共修、环保组共修、精进组共修、文宣、笔耕共修、慈青共修、读书会、慈育队共修、教师联谊会共修、社区共修

资料来源:张培新.台湾宗教性非营利组织运作的社会资本考察:以慈济功德会为例[D].台湾师范大学博士论文,2004:135.

宾,是这些慈济家庭共同的特点。这无疑是很多慈济志工人生当中最好的"报酬"。这些日常的联谊、共修活动成为慈济志工获得除志愿服务之外的另外一层"报酬"。

  同心慈善会也为志工提供大量类似的服务,只不过其种类、规模要比慈济小得多。早期同心慈善会①在每周日下午会举办各种形式的"传统文化沙龙",不仅推广中国优秀的传统文化,也举办各种文化科学讲座(如心理学、养生学、医学、书法艺术),并邀请该领域有影响力的专家、教授来演讲与指导;同时,每周不定期地举办各种读书会,旨在让参与志工不仅能够拓宽知识视野,而且能够增进彼此间的友谊与情感,以体现同心慈善会"关怀生命、养护心灵"的宗旨。近期同心慈善会为义工举办了"幸福密码"、"和美人生"、"经典情商"等讲座,以及早期延续下来的各种国学形式的学习和各种形式的瑜伽等文体活动。同时,广普法师还利用其佛教徒的身份为那些有意学习佛法的青年提供各种参学修身的机会,为他们举办都市佛学研习班等。总之,同心慈善会为其义工提供的各种心灵研习与提升的讲座,提高了组织对义工的吸引力,让他们在参与志愿服务的同时,还能够提升自己的心灵素养。

---

① 早期同心慈善会为义工提供的各种公益讲座以及读书会的介绍详见《安心月刊》第三期(2006 年 12 月)有关同心慈善会的简介。

3. 闽台佛教慈善组织志工内在的"心理满足"[①]比较

同心慈善会与慈济是不同类型的佛教慈善组织,它们给予志工的"报酬"具有结构性的差别。下面我们就分别论述同心慈善会与慈济这两个组织志工的"报酬"。

(1)同心慈善会志工的"报酬"(即心理满足)

佛教慈善组织志工由于对佛教慈善组织志愿服务投入程度的不同,而分化成不同的群体。一些志工由于持续的投入而成为资深志工,甚至是组织的骨干;一些志工可能参与组织志愿服务的年限很长,但是,由于投入有限,与那些刚刚投入组织志愿服务的志工一起,成为组织志工体系中的边缘群体,或新进群体。在闽台两地佛教慈善组织中,这些不同志工群体,他们的"报酬"具有明显的不同。为了便于区隔,我们将同心慈善会的志工分为三类:一是参加过同心慈善会的志工培训,且还没有结业的志工,他们只是偶尔参与同心慈善会的志愿服务项目,组织参与程度不深;二是已经完成志工培训,并且获得结业的同心志工,他们对同心慈善会的志愿服务参与较为深入;三是已经成为同心慈善会的"志工"(即原来是同心志工,现在是慈善会工作人员)和同心慈善会的资深志工(他们是同心慈善会的兼职人员,具体负责同心慈善会的某项业务)。

对于第一类志工,同心慈善会给予他们的"报酬"包括学习新技能、利用闲暇时间、提供了一个奉献爱心的平台。由于同心对所有注册志工都有着严格的培训要求,志工们必须完成一定的培训课程,并且累积足够的志愿服务时数才能成为同心的注册志工。借由同心的志工培训,不仅让志工们了解了同心的各项志业,而且通过服务参与让他们掌握了从事各种志愿服务的方法。这就实现了广普法师所期许的"有爱心更要有方法"的志工培训理念。

同心志工个案1:女性,企业白领,年龄约25岁,同心未结业志工;参加过长者关怀等志愿服务。

我来同心学了很多东西,特别是参加培训,以及从事癌友关怀服

---

① 为了行文方便,本部分佛教慈善组织志工的"报酬"等同于他们的"心理满足"。

务时,知道怎么样关心别人,怎么样才能让他们接受我们,怎么样才能让他们接受我们的服务。就像广普法师说的那样"有爱心更要有方法",我就是学习了怎样服务别人的方法。

家庭主妇是闽台佛教慈善组织重要的志工群体。这些家庭主妇借由志愿服务的参与可以充分利用闲暇时间从事一些有意义的事项,提高人生价值。

同心志工个案2:女性,家庭主妇,年龄约40岁,闲暇在家,同心未结业志工。

> 我原来是学习日语的,婚后专职在家里相夫教子。现在孩子长大了一点,不需要那么操心了。有时候确实比较闲。我参加志工服务就是觉得要把我的空余时间充分利用起来,把那些用于娱乐的时间用来服务别人。

此外,同心慈善会还为那些有志于服务奉献的爱心人士提供了一个很好的平台。

同心志工个案3:男性,企业销售人员,年龄约30岁,同心未结业志工;参加过同心环保净山活动、义卖等志愿服务。

> 每一个人都有一颗向善、向上的心,都有意愿奉献社会。但是,缺少这样的一个平台。很感恩师父创建同心慈善会,为我们"从善"提供了一个很好的平台。

同心第二类型志工的"报酬"明显不同于第一类型。这是由于第二类型志工参与志愿服务的时间较长,投入程度较高,很多人已经将自己融入志愿服务当中。他们的报酬已不再是简单地学习新技能,或是利用闲暇时间;而是从志愿服务本身当中体会到了人生价值,或者借由志愿服务参与的深入,改变了自身的品性,让他人感受到自身的善的价值,家庭关系、同事关系变得更加和谐,更加融洽。

同心志工个案4:女性,会计师,30多岁,同心注册志工;参加过同心志愿服务3年,几乎参加过同心所有的志愿服务活动。

> 我在公司上班,我做义务工作给我赚了很多口碑,大家都对我比较信任,公司领导和同事也都对我比较信任。他们有什么事情会跟我说,比如家庭纠纷会请教我。我在大家心目中是一个可以交托的人,

我的人品得到了大家的认可,我的事业也顺利了很多,与同事的关系也改善很多。在家庭方面,从老人院学习了很多日常护理常识,回去懂得怎么孝顺公婆,家庭关系更和谐,夫妻更恩爱了。

第三类志工包括同心的工作人员(由志工聘任而来)与资深志工(同心兼职人员)。他们参与服务的年限较长,对志愿服务本身怀有深厚的情感。他们当中的很多人放弃了其他高薪岗位加入到同心慈善会,成为全职员工。这些同心员工已经将志愿服务视为生命的一部分;一些人本身已经是志工团队中的骨干,借由深入的投入,深深地认同同心理念。这类志工的"报酬"大多数是满足了他们的灵性需求。大部分人都认为参加同心志愿服务使得自己的心灵更加充实,找到了家的依归,让自己的心灵有了一个家。

同心志工个案5:男,61岁;参加同心2年,同心儿童院全职工作人员。

做义工要有一颗无所求的心,有所求你就得不到,无所求你就会得到很多。我今年61岁,我志愿服务2年了,我可以告诉你,过去59年我都白活了。做了义工这么久,我才知道人应该是这样活的。

同心志工个案6:女,37岁,同心资深志工;参加同心7年,同心秘书处兼职财务会计。

我一直在寻找我的精神食粮。我们一直从社会获得各种物质性的东西,所以,我一直觉得我们要回报社会。同心慈善会给我们回报社会提供了一个平台,它是我们心灵的充电站。就像广普法师说的那样,我们的外在身体已经有了一个家了,但是,我们的内在心灵没有一个安度的家。我想同心这样一个群体,可以让我在精神方面得到充实,也可以为自己的心灵找到一个家。当我们放下那颗心,只问耕耘,不问收获的时候,我们都会得到那颗欢喜的心。

当然,从以上志工分享的资料中我们还可以看出,即使是同心的资深志工,他们也仍然不断地学习、充电。不过这时候学习的内容与初期的培训是大为不同。这是同心培训制度的结果。同心的资深志工除了接受基础义工课程培训外,还必须参加同心的讲师培训,乃至社工培训。随着参与培训层次的提升,他们的专业能力也在提升。与此同时,他们从事义工服务最原始的东西——一颗爱的心也在不断地巩固与提升。那些始终在从事志愿服务的同心人,如果没有对志愿服务发自心灵深处的爱是不可能坚持那么久的。正如一位志工(同心志工个案 7:女,企业行政人员,25 岁,同心资深志工;参与同心志愿服务 5 年,一直是同心儿童院兼职家教老师)在回忆她的经历时动情地说道:

> 曾经有一位老师告诉我,"只要你给别人一缕阳光,他们就会给你一个春天"。我开始不明白这句话的含义。后来,我在同心儿童院从事义务家教活动,并且和我们班的同学共同助养了一名同学。除了坚持每周末到儿童院给孩子们补课之外,我们还在我们不宽裕的情况下,给助养的同学一定的生活费。现在那名儿童已经长大,毕业了,留在小白鹭上班。那天,他跟我在一起,说姐姐,你对我们的爱才是真正的爱,我很感激你的帮助。……那天他哭了很久,并且告诉我,他也开始助养儿童院的孩子,要将爱传递下去。我现在真正明白"只要你给别人一缕阳光,他们就会给你一个春天"这句话的含义。我给他们爱,他们也把爱传递下去,这是我最欣慰的事情,也是我坚持做义工最重要的动力。

从以上的分析我们可以看出,不同的志工群体他们所获得的"报酬"是不一样的,他们的"报酬"层级在不断地提升。从最初获得一个献爱心的平台,或者一个难得的学习机会,到后来体会人生价值,人际关系和谐融洽,到最后心灵的升华,这无疑构成了志工们心灵不断成长之路。不过,同心慈善会志工们虽然展现出了他们的灵性需求,即将工作视为自己生命的一部分,或者通过志愿服务达到了心灵的满足与升华,但是,与慈济资深志工的灵性需求有着重大差别。下面,我们就来分析慈济志工的"报酬"。

(2)慈济志工的"报酬"

本书有关慈济志工访谈对象的来源有两个:一是慈济在厦门的志工,包括社区志工、培训志工、培训委员、见习委员,以及慈济委员与慈诚;二是参加 2010 年第五届中国厦门国际佛事用品展览会的台湾慈济委员与慈

诚。本书同样将慈济的志工群体分为三类①：一是慈济的"社区志工"和"培训志工"（前者大部分是大陆人士，或是刚刚参加慈济培训，或是虽然参加过慈济的志愿服务，但是，由于培训课时不够而未结业；后者已经获得注册，是慈济的正式志工，参加"见习志工"的目的是成为慈济委员）；二是慈济的"见习委员"和"培训委员"，他们当中既有台湾同胞，也有大陆人士，这部分群体参加了大量的慈济志愿服务，对慈济的理念与证严法师的思想有着较高的认同，但是，由于还未累积足够的服务时数与培训课时，没有授证成为慈济委员；三是慈济委员或慈诚，这部分群体绝大部分是台湾同胞，他们是证严法师的出家弟子，是慈济的"忠诚"信徒，是慈济赖以发展的骨干力量，部分人士是慈济厦门联络处的管理者。本书在访谈慈济志工群体时，发现慈济不同的志工群体的"报酬"具有结构性的不同：第一类志工的"报酬"基本与同心志工类似；第二类志工的"报酬"也基本上与同心相类似，不过更多是人生的"学习"，伦理之道与处世之道的学习，而且一些群体已经满足了灵性需求（但是宗教意味不是那么浓厚）；第三类志工的"报酬"则是灵性需求，只不过他们的灵性需求层次更高了，基本上浸透着宗教信仰，是虔诚的佛教徒了。下面我们就分别来分析他们的"报酬"。

首先从慈济第一类志工群体来看，他们所获得的报酬与同心慈善会的志工基本相同，有些志工参加慈济获得了奉献爱心的平台或机会。

慈济志工个案1：女，化妆品销售人员，约40岁，慈济思明区未结业社区志工；从事助学、访视等志愿服务活动，台胞。

> 每一个人都有善心、善念，只不过有没有被启发而已。慈济就是在启发人的善念、善心。慈济有这个平台让你很安心，你会觉得你把自己金钱、时间付出在这里是值得的。你在这边你会很感恩，比如你想从事慈善没有好的平台，刚好慈济给我们一个很好的平台。

慈济的各种活动丰富多彩，志工们可以通过志愿服务的参与，学习到很多东西。从上面的慈济活动的表格我们可以看出，慈济给志工提升自己提供了很好的一个平台。兴趣茶道、花道可以学习如何品茶，以及如何养

---

① 根据慈济培训流程，要成为慈济委员必须经历社区志工、培训志工、见习委员、培训委员四个阶段。

花、插花;兴趣摄影可以参加慈济的"人文三合一";甚至慈济的一些志愿服务,比如义诊、环保也可以让志工学习到相关的专业知识。

慈济志工个案2:女,行政秘书,29岁;参加慈济2年,慈济培训志工;慈济手语干事,大陆人士。

我知道慈济有"人文三合一",文字、拍照、手语。我对手语是非常感兴趣的。我现在是社区手语干事,我觉得慈济的每一件事情都很吸引我。我很想往这方面去学习,去充实自己。

慈济志工个案3:男,退休在家,约60岁;参加慈济1年,慈济培训志工;负责慈济医疗救助的后勤服务,大陆人士。

我经常参加义诊活动,虽然我不是医生,但是我提供后勤服务啦!我在参加义诊的时候就向那些人医会的志工请教一些医疗常识,我现在懂得很多医疗的知识,懂得怎么照顾自己和我老伴的身体,真的很受用啊!

慈济第二类志工的资历其实与同心的资深志工差不多,他们的"报酬"最为主要的就是"学习",不过他们"学习"的不是具体的技能,而是人生的"学习",学习处世之道、学习快乐人生、学习改变自己的心念、学习伦理道德。

慈济志工个案4:女,家庭主妇,65岁,慈济培训委员;参加慈济4年,几乎参加过慈济在福建地区所有的志愿服务,台胞。

其实从事慈济事业,自己必须去了解很多事情才能做好,这也是一个学习的过程。因此,我觉得我必须做,不然等到老了就会后悔。参加以前,我对事情的处理会很冲动,会觉得说据理力争,可是师父说,说话语气要柔和。这是在社会上与人相处很重要的一个方面,就是对人的态度要圆融。

慈济志工个案5:女,退休在家,67岁,慈济见习委员;参加慈济3年,参加过慈济在福建地区所有的志愿服务,台胞。

我觉得这个团体是修行的道场。最大的收获就是改变我的心念。因为人有很多烦恼心、憎恨心。我觉得我在这边就是学到了人与人之间的互动,怎么样来做人,怎么样来修我们的心,怎么样来改变我们的心念。然后还可以做一些有意义的事情。

慈济志工个案6：女，私营企业主，29岁，慈济培训委员；参加慈济4年，参加过慈济在福建地区所有的志愿服务，大陆人士。

我们可以从中学习到其他地方学习不到的东西。你可以从上人的开示里学习到很多伦理道德，但是，现在的人已经很缺乏这方面的东西。我们现在少了对老人家的关怀。现在他们不缺吃不缺穿，政府给他们的待遇很好啦。但是，现在缺乏对老人的尊重，与心灵的关怀。参加慈济以后，你来到外面的世界，你会觉得自己至少跟同龄人相比，自己更懂礼了，这是我在慈济这个团队赚到了。这个在外面是学不到的。

从以上慈济"见习委员"与"培训委员"的分享我们可以看出，他们的"报酬"与同心这类群体相比，相似之处在于个人品性的改变，不同之处在于，慈济将更多的传统道德浸透在其组织文化之中。因此，很多慈济志工提升了对伦理道德的认知与感悟。而且，他们的"报酬"之中已经包含了灵性需求。比如慈济志工个案5，她就认为慈济是一个修行的道场，是一个可以改变自己信念的地方。而这种修行就是佛教信徒的一种修行，是佛教信徒宗教信仰的一部分。

而慈济委员或慈诚，他们通过慈济志愿服务的参与更多的是获得一种心灵的提升。慈济委员或慈诚都是证严法师的在家弟子，因此，他们对证严法师有着一种精神的皈依感。他们从参与志工到授证成为委员或慈诚，就已经深深地认同了慈济的各种理念，以及证严法师的各种思想。而这种建构在宗教信仰之上的志工，他们对组织的忠诚度是最高的。佛教教义，以及宗教领袖的感召会使他们从这条道路一直走下去。

慈济志工个案7：女，慈济宗教处厦门负责人，29岁；慈济委员，参加慈济9年，大陆人士。

慈济是一个很好的团体，当你在参与各项活动中，你可以感受到它传递的是一种净化人心的理念，让你在参与慈济的过程中可以付出你的爱心，可以让你化为生命的良能。我觉得我收获最大的不仅是我们在帮助别人，还是我们的心灵和智慧得到了提升。刚开始我是以做好事情的心态来参加的。后来我们就发现不是我们来慈济奉献自己，而是借助慈济这个平台可以让我们的智慧得到提升，发挥我们的爱心。慈济是个慈善的团体,也是一个修行的团体。来到慈济就是修身养性。来到慈济这个团体,你会觉得这里更像你的家。我是觉得追随证严上人这条道路是我人生最大的幸福。人家说,佛法难闻。我们这辈子能够闻到佛法,因为在慈济其实它是一个佛教团体,它所传递的就是佛法生活化。佛法难闻今已闻,名师难觅今已觅。证严上人是一个名师,让我们这辈子有机会追随她,我觉得这是名师难觅。我要把握这样的因缘,更坚定地走这条路。

因此,对于慈济委员或慈诚来说,慈济不仅是一个慈善团体,更是一个修行的团体,他们参加慈济是一种心灵上对证严法师或慈济团体的皈依,他们可以学到很多佛学的东西,包括佛教的各种教义、佛家礼仪等,让他们不仅心灵得到提升,而且更得到了一种宗教情怀。

慈济志工个案8:女,公司管理高层,39岁,慈济委员,参加慈济11年,台胞。

  我想很大一部分志工共同的体会就是见苦知福,知福之后你就会去惜福,然后就会去造福。你就会感受到你要去做别人生命中的贵人,然后你就会慢慢把那个我缩小,就像上人说的你要缩小自己,缩小到进入别人的心里,就是把我缩小到无我。因为慈济人的精神就是付出无所求,然后还要感恩。其实这个就是朝无我的方向,因为你懂得感恩,就是无我而只有对方了。慈济不仅是个慈善团体,更是个修行的团体。上人说,修行就是修身养性、端正行为。修行不是打坐念禅,那个只是独善其身,上人希望我们走入人群,化解社会灾难,救济社会弱势群体。

从以上的分析我们可以看出慈济志工"报酬"的结构与同心慈善会一样,都是呈现出一种递进的趋势,亦即参加志愿服务活动越久,所获得的"报酬"越是趋向灵性需求。而且与同心最大的不同在于,慈济是一个宗教性与世俗性兼具的慈善组织,其佛教教义对慈济志工,特别是慈济委员的影响很深。这固然与慈济委员或慈诚是证严法师的在家弟子密不可分。而且,慈济志工与证严法师之间的那种基于宗教精神领袖的关系,也使得无数的慈济人获得了精神的皈依。在这些慈济人的心目中,证严法师是一位魅力型的领袖,是道德的楷模,甚至是他们生生世世追随的对象。因此,

凡是证严法师所从事的各种事业也就是他们要全身心投入的目标所在。这就是慈济为何有如此强大的凝聚力的根本原因所在,也是慈济志工动员中最为核心的机制所在。

第二节 闽台佛教慈善组织的物质资源及其社会交换模式比较

在现代社会中,慈善公益活动所扮演的角色日益重要。慈善组织各种服务的开展,如教育救助、社会救济、环境保护等都需要耗费大量的人力与物力。因此,慈善组织除了动员民众参与志愿服务外,还必须动员社会公众、企事业单位,以及政府和各类基金会进行慈善捐赠,为组织业务的开展提供稳定的资金来源。所以,佛教慈善组织的筹资也是其资源动员的重要内容。本节我们将在分析和比较闽台佛教慈善组织物质资源的基础上,比较它们的社会交换模式。

一、慈善组织的资金来源与筹资方式

慈善组织的资金来源一般有四个渠道:政府拨款、个人捐赠、机构捐赠与商业收入。政府拨款是政府购买公共服务的一种重要方式,在西方国家和我国港澳台地区,政府拨款是慈善组织重要资金来源;在大陆,政府拨款还处于起步阶段。个人捐赠是海外慈善组织主要资金来源。例如,美国慈善组织有3/4的资金来源于普通社会公众的捐赠。我国则相反,个人捐赠的比例一直在1/5左右。比如2009年,大陆的个人捐款总额达到了68.27亿元,但占境内捐赠总额的比例仅为23.40%。[①] 与个人捐赠相反,在境

---

① 刘远长.中国慈善进入新成长阶段:2009年中国慈善事业发展形势分析[M]//杨团.中国慈善发展报告(2010).北京:社会科学文献出版社,2010:5.

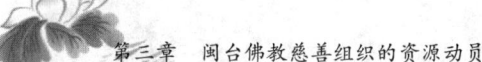

第三章 闽台佛教慈善组织的资源动员比较

外,机构捐赠只占慈善组织收入的一小部分,而在大陆,机构捐赠一直是慈善组织的主要收入来源,顶峰时期占其收入的八成,比如2007年,境内企业捐赠总额为223亿元,约占境内慈善份额的八成以上①。商业收入也是很多慈善公益组织重要的资金来源。不过大陆的慈善组织较少涉及商业领域。境外地区出现新型的公益组织——社会企业,它们有很大一部分资金来源于自身的营业收入。

佛寺慈善组织有很大一部分收入源自其自身的商业运营。这是佛教寺院经济的一个重要组成部分,也是佛寺慈善组织与世俗慈善组织资金来源最为重要的区别。佛寺经济是佛寺慈善事业最为重要的经济基础。近年来,随着海峡两岸佛寺经济的繁荣与发展,佛寺慈善事业的发展获得了稳定的物质基础,也逐步走向兴盛。佛寺经济作为佛寺慈善组织资金的来源,也界定了其筹资方式。而世俗慈善组织的筹资方式则明显不同于佛寺慈善组织。世俗慈善组织的筹资方式一般包括②:联合劝募、分散劝募、专案募款,以及年度劝募等多种类型。专案募款一般是指在短时间内为特定的事项有组织地募集专项资金。这种形式募捐而来的资金专款专用。年度劝募则是慈善组织常态化的募捐方式,它具有持续性、永久性、例行性的特点。很多募捐方式,如私人恳请、俱乐部、会员制、募捐等都是年度劝募的典型形式。①私人恳请。这种募捐方式是通过慈善组织领导者或志工与他们组织潜在的捐赠者进行私下面对面的会谈,表达组织的募捐需求。其募捐方式一般离不开劝捐者与捐赠者之间的私人情感。②俱乐部。这是捐款人依据一定捐款数量组成的团体,是一种给予这种团体成员回馈或表扬的设计,鼓励捐款人增加捐款数量以成为俱乐部成员,以及鼓励俱乐部成员继续捐款以保持成员资格。成为俱乐部成员,意味着他们是社会的精英成员。除了心理的满足之外,捐款的多寡直接决定他们在组织中的地位。同时,组织的会员倾向于成为俱乐部成员,要求组织降低俱乐部门槛,

---

① 民政部慈善协调办公室,中民慈善捐助信息中心. 2007年度中国慈善捐赠情况分析报告[EB/OL]. http://www.mca.gov.cn/article/zwgk/gzdt/200801/20080100011358.shtml.

② 张祖平.公益性社会组织资金筹集机制研究[M]//国家民间组织管理局. 2009年中国社会组织理论研究论文集.北京:中国社会出版社,2010.

这就造成二者之间的潜在冲突。③会员制。会员制可以为慈善组织提供稳定的收入来源。与俱乐部所不同的是,会员制的捐款门槛较低,一般的社会公众都能够承受,只要他们持续捐赠一定量的小额金钱,就能够成为慈善组织的会员。同时,组织还为会员提供各种各样的服务,如慈济的委员会定期访视会员家中,帮助他们解决一些实际生活困难,或者组织会员进行联谊等。其他募捐方式还包括电话劝募、直接邮件、特别事件(如义演、义卖、义赛、展览、拍卖等)、电视广告、街头劝捐等。这些募捐方式可以为不同类型的慈善组织所应用。①

二、闽台佛教慈善组织的物质资源及其筹资方式比较

慈善组织业务的开展离不开外界资源的输入,其中最为重要的就是社会各界的捐赠,包括资金和实物捐赠两种方式。闽台两地佛教慈善组织,由于其组织身份不同,因此,筹资方式也存在着差异。慈济与同心是社会化的动员方式;南普陀寺慈善会则是佛寺经济的形态。下面我们分别论述它们的物质资源及其筹资方式。

(一)同心慈善会筹资方式与资金来源

同心慈善会是一个世俗性的佛教慈善组织,其筹资方式也与其他慈善组织具有相似性,主要包括会员制、社会捐赠、义卖(义演)等。

1. 会员制

会员制是慈善组织所采用的一种筹资方式,它可以为组织提供稳定的收入来源。慈济基金会正是依靠其会员的持续性捐赠而成为台湾地区最大的慈善团体。同心的会员制与慈济类似。根据同心慈善会相关章程的规定,凡是赞同同心慈善会宗旨,履行会员义务,每个月按时缴纳会费的,就可以申请成为同心的会员。同心的会员有三种:一是个体会员,有效个体会员3129人,每个月会费为10元;二是团体会员,共有47家,每年会费

---

① 江明修.第三部门经营策略与社会参与[M].台北:智胜文化,1999:25.

为500元;三是家庭会员,共有108家。同心慈善会的会员制为同心提供了稳定的收入来源,其会费总收入也从2002年的2450元增加到2010年的283540元,增加了10余倍。

2. 社会捐赠

社会捐赠也是同心慈善会资金的重要来源。同心慈善会的社会捐赠方式包括:①物质捐赠,同心慈善会将其所需要的各种物质(主要是同心儿童院、同心图书馆、癌友关怀部所需物质)发布在其网站和《安心月刊》上,让社会爱心人士将其可再利用的物质捐赠过来。此外,很多企事业单位(包括厦门市各级机关单位)在"同心一日行"活动中,或者重要的节假日也会捐赠各种类的实物给同心慈善会。物质捐赠是同心慈善会的重要收入来源。以2010为例,截至该年11月,同心物质捐赠折合人民币达到了35.36万元,占其总收入313.46万元的11.3%。②现金捐赠,包括邮政汇款、银行转账、同心理事代收,以及现场捐赠等方式。此外,同心慈善会还推出"爱心宝贝",让会员或者社会公众在日常生活中"日行一善",累积捐赠。

3. 义卖(义演)

这是同心慈善会重要的筹资渠道。同心慈善会的义卖来源一般是企业的捐赠。一些企业将物质捐赠给同心慈善会后,同心慈善会就会组织志工进行义卖,以筹集善款。以2010年12月6日同心慈善会与厦门庞比度百货公司共同举办的"庞比度周年庆典晚会暨同心慈善会2011年助学圆梦项目启动仪式"为例,在这次义卖上,庞比度公司提供了总共价值5万元的商品,加上其他组织提供的物品,同心慈善会为其"助学圆梦项目"募集款项108612元。此外,同心的义演晚会也是其筹资的重要方式。

另外,同心慈善会也开通了支付宝等网络筹资工具;向境外一些基金会申请专项资助,扩大组织的资金来源渠道。同时,广普法师还依靠个人的社会关系,为同心慈善会筹集了几笔百万元以上的善款,解决了同心儿童院发展的资金瓶颈。经过多年的发展,同心慈善会的规模越来越大,所筹集的资金也从2002年最初的5.69万元,增加到2010年的300多万元,增长了50多倍(如表3-3所示),为慈善公益事业的发展奠定了良好的物质基础。

表 3-3 同心慈善会历年总收入

年份	2002	2003	2004	2005	2006	2007	2008	2009	2010
总收入（万元）	5.69	67.6	17.65	26.14	93.07	193.02	530.86	316.56	313.46

资料来源：根据同心慈善会历年财务审计报告整理而得。

慈善组织资金来源中，机构捐赠一直是主要来源。一些民间慈善组织也是如此，比如李连杰的壹基金从成立之日至 2009 年 12 月 31 日止[①]，累计收入达 2.06 亿元，其中个人捐赠约 0.80 亿元，占 39%；非个人捐赠（即机构捐赠）收入约 1.26 亿元，占 61%。同心慈善会与全国慈善捐赠总体状况基本相类似。不过，其个人捐赠的比例高于全国平均水平。根据同心慈善会《同心慈善会 2010 年 1 月至 11 月财务分析报告》，在同心慈善会 2010 年 1 月至 11 月总收入的 313.46 万元中，个人捐赠总计 118.29 万元，会员收入 25.78 万元，实物收入 35.56 万元。根据同心慈善会筹资方式，其会员收入主要来源于个人的捐款；实物捐赠来自于企事业单位的捐赠。如果从这个角度来看，同心慈善会的个人捐赠 144.07 万元，占总收入的 46%；机构捐赠 169.39 万元，占总收入的 54%。

（二）南普陀寺慈善会的筹资方式与资金来源

大陆的佛教慈善组织一般都依附于佛寺或佛教协会等各种宗教组织。南普陀寺慈善会作为大陆第一家佛教慈善团体，一直是大陆佛教寺院发展的典型。作为依附于南普陀寺的佛教慈善组织，南普陀寺慈善会的筹资方式与寺院经济运作紧密地结合在一起。南普陀寺慈善会充分发挥组织依托优势，多渠道筹集资金。目前，慈善会的主要筹资方式包括：会员制、法会筹集、法物流通经营筹集、社会捐赠。

---

① 壹基金 2009 年财务管理报告[EB/OL]. http://www.onefoundation.cn/html/77/n-1177.html.

1. 会员制

会员制是南普陀寺最为重要的筹资方式之一。南普陀寺慈善会的会费为每个月 10 元,每半年或一年交一次会费。会员制建立以来,南普陀寺慈善会获得了一个较为稳定的收入来源,为组织各项业务的开展奠定了较好的经济基础。南普陀寺慈善会拥有会员超过 4 万人。

2. 法会筹集

南普陀寺充分利用其宗教组织的便利,在从事各种佛法活动中,为南普陀寺慈善会筹集了大量善款。这也是国内其他附属于佛寺慈善团体一种简单而有效的筹资方式。

3. 法物流通经营筹集[①]

南普陀寺慈善会在其佛寺中建立了"佛经法物艺术品流通处",秉着弘扬佛法、利乐众生的宗旨,积极从事法物艺术品流通,其经营的所有佛像、佛教艺术品都经过高僧开光,经营范围已从小到大,从较少的种类扩大到铸铜、木雕、石雕、瓷塑、水晶、玛瑙、琥珀、玉器、金卡、音像制品、佛学书籍、名家书画等一系列具有较高艺术水准的佛教用品。多年来,法物流通处为南普陀寺慈善会筹集了大量慈善资金,并且是其行政运作经费的主要来源。

4. 社会捐赠

南普陀寺慈善会虽然不能像其他世俗组织一样,对外进行募捐;但是,佛寺范围内的募捐活动仍然是被允许的。慈善会在南普陀寺内设有捐赠处,利用南普陀寺这一知名旅游景点,海内外游客众多的优势,能够为慈善会筹集更多的资金。表 3-4 是南普陀寺慈善会的历年收入。

---

① 南普陀寺慈善会简介.集善资粮:南普陀寺慈善事业基金会佛经法物艺术品流通处[EB/OL]. http://www.nanputuo.com/nptcsh/html/200701/2115530372503.html.

闽台佛教慈善组织运作模式比较研究

表 3-4　南普陀寺慈善会的历年收入

年份	会费	捐赠	法会	法物流通	其他收入	总收入(万元)
1999	133.06	75	13.01	45	4.14	270.21
2000	148.77	86.18	28.81	25	6	294.76
2001	152.36	95.12	35.67	28.84	2.81	314.8
2002	168.06	94.47	62.49	26		351.02
2003	180.03	87.12	72.6	16.5		356.25
2004	185.52	68.22	64.43	18.6	0.04	336.81
2005	210.16	78.14	52.29	25.57	2.2	368.36
2006	238.59	113.04	71.69	157.98		581.3
2007	261.18	151.74	51.4			464.32
2008	277.15	166.68	63.18			507.01
2009	217.49	186.24	62.06	10	66.68	542.47
2010	282.89	274.17		5.69	161.25	724.01

资料来源:根据南普陀寺慈善会历年财务审计报告整理而得。

南普陀寺慈善会自成立以来,共筹集了约 7000 万元的慈善资金,成为其开展慈善公益事业的坚实基础。从其筹资方式来看,南普陀寺慈善会的资金来源有以下几个渠道:会员费、社会捐赠、法会收入、法物经营收入。从历年的收入情况来看,会费收入是南普陀寺慈善会收入的主要来源,约占总收入的一半;社会捐赠是其第二大收入来源,这充分说明南普陀寺作为著名旅游景点,以及全国重点寺院为其筹资提供了巨大的便利。

(三)慈济的物质资源及其筹资方式

根据台湾"财团法人喜马拉雅研究发展基金会"2005 年发布的台湾主要 300 家基金会名录,慈济是当代台湾地区最大的民间慈善团体,以拥有 250 亿元新台币高居所有基金会的榜首,也是唯一一家资金总额超百亿元的慈善组织,被人称为慈善界的"托拉斯",向世人展示了其惊人的筹资能力。慈济基金 100% 是社会公众的捐款。慈济庞大的财务资源为其组织顺利提供慈善服务奠定了坚实的物质基础。慈济每年的基金支出都达数

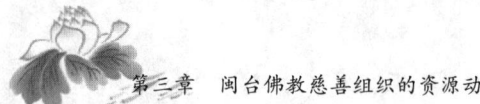

十亿新台币,有力地支持了慈济四大志业的发展,服务了社会弱势群体。

慈济庞大的财务资源不仅表现在其常年所拥有的巨大资金,在重大灾害来临时,慈济同样展现出令人惊叹的财务资源动员能力。举世震惊的台湾"9·21"大地震中,慈济共募集超过了100亿新台币资金,在所有的台湾民间团体中居第一位。根据慈济全球资讯网提供的信息,从1999年9月至2006年11月,慈济共为"9·21"大地震募集款项新台币超过104亿元,其中募款收入约62.3亿元,政府专项补助收入36.3亿元,利息收入5.6亿元。①

慈济的主要筹资方式有两种,会员制与慈济荣董。它们是慈济资金的主要来源渠道。此外,慈济还通过自身所拥有的各种媒体进行募捐。

1. 会员制

"竹筒岁月"是所有慈济人内心深处的一个情结,它是慈济发端的开始,也是慈济不断发展壮大的内在机制与动力。当年慈济处于起步的岁月里,证严法师要求慈济的会员每天将省下的5毛的买菜钱放进竹筒里,每个月慈济委员都会在固定的时间收取善款,由此形成了慈济独特的社会网络财务资源动员方式。也可以说,慈济采取的是一种会员制的资源动员方式。但是,与其他非营利组织会员制不同的是,慈济的会员通过慈济委员与慈济保持了良好的互动关系,成为慈济较为稳定的捐赠来源。目前慈济共拥有会员约500万人,是台湾拥有会员数量最多的民间慈善团体。

2. 慈济荣董②

慈济荣誉董事简称"荣董",是一种典型的俱乐部制募款形式。慈济荣誉董事的产生,缘起于1986年8月16日,慈济医院开幕前一天,证严法师为感恩捐款满百万元新台币赞助建院的大德们出钱成就慈济志业,特地颁发慈济荣誉董事聘书。荣誉董事于1987年1月21日在花莲静思精舍成

---

① 慈济赈灾复建专案收支明细[EB/OL]. http://www2.tzuchi.org.tw/921/html/04.htm.

② 慈济全球资讯网. 慈济荣誉董事会、慈友会[EB/OL]. http://www.tzuchi.org.tw/index.php?option=com_content&view=article&catid=86%3Atzuchi-groups&id=387%3A2009-01-21-05-39-43&Itemid=344&lang=zh,2009-02-16.

立荣董联谊会,并举行首次会议。他们有的是事业成功的公司负责人,有的则是市井小民。目前担任荣董的条件,是凡一年内捐款满新台币100万元者,由佛教慈济基金会聘任为永久荣誉董事,简称为"荣董"。

从慈济整个募款资源来看,慈济会员的捐赠是常规化的,它是慈济物质资源的基本保障。而慈济的荣董则在慈济的财务体系中扮演着"救火队"的角色,是慈济紧急募款时的重要财务保障。这一点从荣董成立的缘起就可以看出来。虽然,慈济的募款充分发挥了聚沙成塔、涓滴成河的特点,充分地动员社会普通大众的小额捐款;但是,荣董的大额捐赠还是在慈济募款中占有重要的一席之地。慈济荣董的捐赠数额非常可观,至今捐给慈济的资金已经高达百亿新台币。除了会员制与荣董外,慈济还有其他众多的筹资方式,如前述提及的台湾"9·21"大地震的专案募款。另外,慈济还通过其人文出版品,如《慈济月刊》、《静思语》等出版物劝捐,也有通过大爱台广告募捐,甚至通过举办各种夏令营进行募捐。

从前述的分析我们可以看出,慈济所拥有的物质资源是任何一家大陆宗教慈善组织都无法比拟的。作为华人社会的首善宗教团体,慈济拥有惊人的动员能力,与其独特的委员募款方式是分不开的。正因为如此,其会员制也被大陆佛教慈善团体所模仿。总的来看,作为纯民间的慈善团体,闽台两地佛教慈善组织的资金来源都是社会的捐赠,而且个人捐赠占据了主要部分。从筹资方式来看,慈济、同心的筹资方式实现了世俗化;南普陀寺慈善会的会员制尽管与世俗组织的筹资方式无异,但是,其还是建构在佛寺经济形态之上。这是组织性质不同所造成的。另外,由于宗教场域的限制也造成了这三个组织间筹资社会空间的极大差异。慈济与同心慈善会可以动员全社会的力量,而南普陀寺慈善会只能在南普陀寺里进行资源动员。这也一定程度上限制了佛寺慈善会资源动员能力的扩大。

三、闽台佛教慈善组织社会捐赠者的社会交换模式比较

社会捐赠是闽台两地慈善组织的全部资金来源,因此,如何充分满足社会捐赠者的各种需求,就成为闽台两地佛教慈善组织在物质资源动员时需要考量的问题。同志工一样,社会捐赠者的需求一般都是非物质性的。

而且其与志工社会交换所取得的报酬不一样的地方在于,志工通过志愿服务的参与和亲身体验,可以马上获得这种"报酬",而社会捐赠者的报酬期限与内容都是不固定的,所谓的"回报"可能的形式与兑现的时间都是在将来的某一个时刻才能实现。另外,捐赠者捐款之后,他们对于"报酬"的期望很大程度上是建构在对受赠者信任的基础之上的。从这个意义上说,它们之间的社会交换也是宏观社会交换的一部分。下面我们就来分析闽台佛教慈善组织与社会捐赠者之间的社会交换。

(一)社会捐赠者的需求

佛教慈善组织的资金来源可以分为四个部分:个体捐赠者、政府、企业、佛教信徒"积功德"的需求。这四个不同捐赠主体的社会需求有着巨大的差别。下面我们就分别阐述它们的社会需求。

1. 个体捐赠者

社会捐赠者是慈善组织资金的主要来源渠道之一,充分了解捐赠者的捐赠动机与需求,对于慈善组织的资源动员十分重要。关于个体捐赠者的捐赠动机学界的研究较为成熟。学者米克斯(Mixer)根据个体捐赠动机受内外因素影响进行分析,其中内在因素又分为自我因素、社会因素和负面因素,外在影响力又分为报酬、刺激和特定情境三个方面。慈善组织在对潜在的个体捐赠者进行募捐时必须考量这些因素。详细的个体捐赠者动机如表3-5所示。

表3-5 人们捐款的动机

内在因素	外在影响力
自我因素:自我承诺或自我尊重、成就感、认知上的兴趣、成长、减少内疚、生活意义及目标、个人利益、神圣使命	报酬:认知上的报酬、个人实质报酬、社会期待
社会因素:地位的需求、联盟力量的驱使、团体力量的驱使、相互依赖关系、利他主义、家庭以及子孙的影响、权力的影响	刺激:人类基本需求的刺激、个人需求的刺激、愿景、企图心、避税或税制刺激

续表

内在因素	外在影响力
负面因素:安抚挫折的期待、降低不安全或危险、降低害怕及焦虑的心理	特定情境:个人本身参与组织、参与决策与计划、同事压力、家庭参与压力、传统文化、传统习惯、个人角色定位的压力、富裕的收入

注:Mixer, Joseph R. Principles of Professional Fundraising: Useful Foundations for Successful Practice[M]. San Francisco, California: Jossey-Bass Publishers, 1993;江明修主编.第三部门经营策略与社会参与[M].台北:智胜文化事业有限公司,1999:13.

2. 政府

政府拨款购买非营利组织的公共服务已经成为一股全球浪潮。政府在购买由非政府部门生产的公共服务时,一般对公共服务的质量都建立了严格的绩效评估体系。因此,政府与非营利组织之间的社会交换较为简单,就是我们常说的"一手交钱,一手交货",政府部门提供资金,非营利组织提供公共服务。

3. 企业

随着企业社会责任的兴起,越来越多的企业投身到社会公益事业当中,慈善营销已经成为众多企业树立良好、负责任的企业形象的一个重要途径。一般来说,企业参与慈善事业可以帮助企业树立良好的社会形象、提高企业市场生存空间、激发企业员工的组织认同感和自豪感等。当然,企业赞助慈善组织想要获得这些回报,其周期可能存在不确定性。但是,一个负责任的企业形象必然为企业带来长久的利益回报,这是企业与慈善组织社会交换的内在动力机制。

4. 佛教信徒"积功德"的需求[①]

佛教信仰中的"功德"是一个影响非常大的概念,几乎所有佛事都与它

[①] 李向平.缘分·功德·共同体:佛教信仰的私人性与社会性[J].湖南师范大学学报,2009(4).

相关。佛教徒信仰的目的就是累积功德。佛教还发展出一套完整的体系，让佛教徒在从事佛事时可以累积功德，如念佛、信佛、供养三宝、做善事、布施等。因此，功德信仰也成为佛教信徒从事慈善公益事业的内在动力。佛教寺院的募款箱一般都称为"功德箱"。佛教信徒捐赠财物给佛寺慈善会也是在累积功德。因此，佛寺慈善会与其信徒之间的社会交换模式，是佛教徒以"财布施"换取佛寺的"法布施"。也就是说，佛教信徒捐赠款物后，佛寺僧侣需要为信徒们举行法会，颂扬他们的善行，以帮助他们累积功德。

（二）佛教慈善组织与捐赠者的社会交换过程

佛教慈善组织与捐赠者的社会交换过程比较特殊，事实上包含宏观领域与微观领域两种交换。根据布劳的社会交换理论，其过程一般都要经历社会吸引、竞争、分化、整合四个阶段。佛教慈善组织与捐赠者之间的社会交换也必然经历这四个阶段。不过，这个过程是发生在宏观领域，而不是在微观领域。宏观领域社会交换的四个过程表现为慈善组织之间的竞争、分化与整合。在微观领域交换中，捐赠者与佛教慈善组织之间社会交换过程较为简单，一般经历三个阶段[①]：教化与寻找、请求以及交换完成阶段。

1. 教化与寻找阶段

这个阶段也就是通常所说的"社会吸引"阶段，它是筹资的第一个阶段。一般来说，在这个阶段慈善组织必须让潜在的捐赠者对组织产生浓厚的兴趣，让他们意识到组织所从事活动的意义与价值，以及对社会的具体贡献。这就要求组织在进行劝募者培训时，必须让他们牢记组织的使命与宗旨，这样才能向潜在的捐赠者明确地传达组织的信息，让他们明白组织是多么需要他们的捐赠。同心慈善会一般都会定期举办纳新会以发展会员。纳新会上一般除了介绍同心的各项志业外，更重要的是传递这些参会人员的社会责任与社会价值。这样有利于提高劝募的效果。不过闽台佛教慈善组织的"社会吸引"更多是靠社会网络，亦即依靠中国熟人关系文化

[①] 江明修.第三部门经营策略与社会参与[M].台北:智胜文化事业有限公司,1999：21-22.

进行劝募。慈济的委员劝募尤为如此。一般要成为慈济委员,慈济志工必须发展出足够的会员数。而这些会员一般都是慈济委员的熟人,比如邻居、亲戚、同事、朋友等。通过这种熟人社会网络,慈济的劝募犹如一张大网牢牢地在台湾社会各个角落生根发芽。同心慈善会亦不例外。只不过规模要小得多。南普陀寺慈善会劝募比较被动,基本上是在佛寺内向信徒宣传,并没有主动介绍其志业。不过,基于佛教功德信仰,慈善会的"社会吸引"并不低。

2. 请求阶段

这是募款最为重要的一个阶段。募款能够成功,慈善组织必须进行组织公信力建设,塑造良好的社会形象。在这一前提下,劝募者的劝募技能也显得十分重要。闽台佛教慈善组织的志工培训一般都会有劝募的培训,尤其是慈济。慈济培训课程中除了不断地给志工们介绍慈济的历史,以及四大志业外,也传授劝募的经验,尤其是其募款更要募心的理念使得社会公众更加认同慈济,提高了募款的成功率。另外,佛教慈善组织在募款时也必须向潜在的捐赠者展示组织所取得的成就,组织财务的透明度,以及组织良好的社会声誉,消除捐赠者的疑虑。这样募款的成功率才会大大提高。

3. 交换完成阶段

当慈善组织消除潜在捐赠者的疑虑,他们向组织捐赠款物后,募款的过程便宣告结束。但是,这并不意味着社会交换的完成。首先,慈善组织必须始终如一地坚守社会公益慈善道德的底线,提高组织财务的透明度,树立负责人的社会形象,主动接受社会监督。这样不但能使已经捐赠者认同组织,并继续捐赠,而且可以通过这些已经捐赠者做口碑的宣传。其次,组织必须与捐赠者继续保持联系。一般慈善组织都会刊印月刊、简讯给会员或者捐赠者,让他们了解组织的各项业务和财务收支状况。同时,给予捐赠者适当的回报,表彰他们的善行义举。这也是社会交换中捐赠者的"报酬"。下面我们就详细讨论佛教慈善组织捐赠者的"报酬"。

（三）闽台佛教慈善组织社会捐赠者的"报酬"比较

闽台佛教慈善组织的资金来源基本都是社会捐赠，募款的方式也比较多样化，既有会员制，也有荣董俱乐部形式，还有普通社会公众的捐赠；既有基金会，也有企业、机关事业单位的捐赠；既有专案募款，也有常年固定募款项目。可以说，从形式来看，慈济与同心慈善会的募款方式与世俗组织并无二样。但是，它们给予捐赠者的"报酬"还是存在重大差别：前者或多或少建构在佛教"功德"信仰的基础上，而后者与世俗组织并没有分别，必须满足社会捐赠主体多样化的需求。南普陀寺慈善会给予捐赠者的"报酬"简单明了，以法布施换取财布施。

1. 同心慈善会捐赠者的"报酬"

同心的捐赠主体包括三类：个体会员与个体公众、企业（包括团体企业）、机关事业单位。同心慈善会为不同的捐赠主体提供了不同的"报酬"。在个体会员方面，凡是同心的会员均可以免费参加同心慈善会举办的各种心灵讲座，如"幸福密码"、"和美人生"、"经典情商课程"等富有心灵启迪的讲座。同时同心慈善会每个月都会给会员过集体生日，让会员感受到尊重，提高个体会员的组织认同感。通过实地调研访谈发现，同心个体捐赠者（包括会员与一般社会捐赠者）的"报酬"与世俗慈善组织无异，基本没有涉及佛教"功德"信仰。

同心会员 1：

帮助那些需要帮助的人是每一个人的责任。像我自己，工作稳定，家庭幸福，收入颇丰。所以，我想回馈社会。这就是我捐赠的最为主要的原因。

同心会员 2：

每个月交 10 块钱就可以帮助别人，我觉得这非常有意义。小钱传大爱嘛！虽然数量少，但是，我觉得这也是我的一份心意。这样做，我非常开心。现在我们全家都是同心的会员啦！

同心社会捐赠者 1：

我的朋友来捐款，我也不好意思不捐。但是，我发现，其实捐一点钱也是可以给你的生活带来欢乐的！我每个月捐赠百十来元,就可以帮助我的受助对象过上好的生活,何乐而不为呢？

在企业方面,同心慈善会为企业提高社会美誉度搭建了一个平台。在与企业共同举办义卖、慈善晚会时,同心慈善会为企业慈善营销提供了一个很好的契机,扩大了参与企业的社会影响力,使其在社会公众心中树立了良好的形象。

同心共建单位1:厦门市某民营企业

我们是同心的共建单位,我们之所以选择同心慈善会作为合作对象,是因为同心的理念以及它们的社会服务与我们公司的文化较为契合。同时,同心慈善会较为严格的财务管理制度,也使得我们比较放心地选择与它们合作。当然,通过这种形式的共建,也为我们的员工参与社会公益活动提供了一个很好的平台。……另外,我们还和同心慈善会一起合作办过慈善义卖会。这次活动的社会反响非常好,达到了我们预期扩大公司社会影响力,提高公司社会形象的目的。今后,我们还会选择信誉良好的慈善公益组织作为我们公司履行社会责任的合作对象。

在共建的机关事业单位(也包括一般捐赠机关)方面,同心慈善会也为它们的履行组织公民义务提供了一个平台,提高了员工的组织认同感和社会责任感,树立了机关事业单位良好的社会形象。

同心共建单位2:厦门市某机关单位

我们单位与同心共建已经4年多了,不仅为同心提供了办公场所,还捐赠了各种儿童院需要的物质。当然,通过共建,不仅是我们捐赠款物给同心,我们单位也从共建活动中收获良多。……我们既是国家机关的工作人员,必须做好本职工作,服务好人民群众,但是,同时,我们也是公民,还必须履行公民的社会责任。参与同心的共建,为我们组织成员履行公民义务提供了一个很好的平台。同时,参加共建是我们机关组织文化建设的一个很重要的方面,是我们机关单位积极参与社会、融入社会的一个重要途径。……说实在话,平常我们经常在宣传为人民服务,但是,很多时候老百姓体会不到。我们的机关工作人员利用节假日参与同心的志愿服务,改变了人们对机关公务员刻板的印象。那些参与志愿服务的人员,非常认同机关的这种做法。……我们每年都会组织单位的员工为同心捐款。与每次那种带有行政性质的"强迫"式捐赠不同,大家对这种捐款方式还比较认同,大多数是自觉的。大家觉得至少钱花到哪里去自己是可以看得见的。不过,这些是私下的话题啦!

此外,参与慈善会本身也是这些会员扩大个人社会资本的一个平台。同心还建立会员间的"竞争"制度,那些捐款较多的会员有机会跻身管理层,参加同心慈善会的组织决策。例如,同心慈善会于2009年召开了第一届会员代表大会,那些对组织贡献较大的会员被推举为会员代表,参与大会,选举出理事会。

2. 南普陀寺慈善会捐赠者的"报酬"

作为建构在佛寺基础之上的慈善组织,南普陀寺慈善会给予捐赠者的"报酬"就是佛教信仰中的累积功德。从南普陀寺慈善会的资金来源来看,它离不开佛教寺院经济的发展。从我们的广义理解来看,佛教寺院经济可以分为两个部分:其一是佛寺通过商业经营获得的各种收入,其二是佛教信徒的各种无偿捐赠。前者显然是经济交换活动,也是广义上的社会交换;后者是狭义上的社会交换,它们的交换模式带有特殊性。一般来说,佛教信徒与佛寺之间的社会交换是财布施与法布施之间的交换。也就是说,佛教信徒通过捐赠一定数量的金钱,以取得一定的"功德",而佛寺要通过各种法会为信徒祈祷,以保佑信徒的各种祈祷能够实现。在中国就是所谓的"灵验"经济。由此,信徒的捐赠就是为了累积"功德"。从南普陀寺慈善会会员管理的实践来看也是如此。南普陀寺慈善会在每年的农历二月廿一(普贤菩萨圣诞日)免费为会员举办祈福消灾千佛法会,以及每月初一、初十、二十的晚上在南普陀寺大雄宝殿举行共修法会,为会员和捐赠者祈福消灾,累积功德。笔者的以下几个访谈个案就充分说明了佛寺慈善会这种"积功德"的信仰模式在其物质资源动员方面所起的作用。

南普陀寺慈善会个体捐赠者1:

　　它们(就是南普陀寺的佛)很灵的,我求了几次都应验了,所以,我捐点表示感谢。

南普陀寺慈善会会员2：

    他们说参加会员就可以参加各种法会，这是做功德啊！我觉得这样菩萨可以保佑我的家人平安。

3. 慈济捐赠者的"报酬"

慈济的主要捐赠群体有两个，一个是慈济的500万会员，另一个是慈济荣董。在慈济会员制下，会员通过慈济委员这个桥梁保持了与慈济组织的密切联系。根据慈济组织的惯例，要成为慈济委员必须发展一定数量的会员，并募集到一定的款项。而慈济委员与会员之间也不是简单的收钱关系。按照慈济委员的说法，他们不仅要募款更要募心。证严法师曾说[①]"委员就像是一座桥梁，桥的那一端是富有的人，另一端是苦难的人；委员的作用就是让物质富有的人，得到心灵上的满足；而让物质匮乏的人，也能得到温饱"。此外，委员与会员之间本来就是熟人关系，委员在发展会员以后，除了募集款项之外，还要负责了解会员家庭生活、社会关系，如果会员遇到生活中的难题，委员还会帮助解决。慈济会员制里，委员与会员之间更像是朋友关系。因此，会员借由慈善捐赠参与可以扩大其社会资本，增加自己及家人的关系网络。另外，慈济会员虽然不参加慈济的具体活动，但是，他们可以通过委员定期赠送的《慈济月刊》《慈济道侣》，甚至是证严法师的各类佛学著作了解到慈济的活动动态与证严法师思想脉络。

慈济荣董制是典型的俱乐部式的筹资方式。根据慈济的规定，凡是捐赠100万新台币就可以成为慈济的荣董。慈济荣董是一种身份的象征，更是社会精英的象征。它对于激发台湾中产阶级，以及工商界的捐赠热情起到了很好的推动作用。慈济荣董只关怀慈济的发展，不参与行政事务。荣董联谊会成立之初，原决定每三个月全台召开一次联谊，后来荣董人数激增，要安排适当的联谊时间，实在不容易，因此改由各区自行安排固定的时间聚会，区与区间并相互联谊，交换心得。后来更有一群以慈济精神会友的企业家夫人，于1991年组成"慈友会"；一群兼顾志业与事业的荣董，也

---

① 丘秀芷.大爱：证严法师与慈济世界[M].台北：天下文化出版股份有限公司，1996:57.

第三章 闽台佛教慈善组织的资源动员比较

于1996年成立了"静思生活营联谊会",引介社会各界精英及企业家认识并参与慈济志业。这种联谊性质的活动很好地满足这些社会精英扩大社会资本的需求,很多借由参与慈济荣董扩大了社会关系网络。①

除了上述慈济给予捐赠者的"报酬"之外,建构在佛教"功德"信仰基础之上的慈济募款方式也是其成功的重要的社会文化心理基础。台湾是华人社会中宗教信仰比较多元和活跃的地区之一,各类宗教在台湾都得到了蓬勃发展,其中尤以佛教、妈祖信仰为甚。慈济成立之初便将自己组织的名称定为"克难慈济功德会",这本身就说明了"功德"在慈济资源动员中的重要性。此后,凡是有重大募款行动,慈济都会将佛教的"功德"文化融合进去。比如,当年证严法师在为花莲慈济医院募捐时,"在台湾的报纸上刊载'福田一方,力邀天下善士。心莲万蕊,共造慈济世界',东部非常需要一家医院,很需要钱,希望大家捐赠"②,而且证严法师在要求委员为医院募款时一定要牢记"邀天下善士共植福田",并且为了让台湾更多的人有机会"种福田",证严法师更是推掉了一笔来自日本的2亿美元的捐赠。此外,慈济在其志言中也用佛教的"功德"信仰来"力邀天下善士,同耕一方福田;勤植万蕊心莲,同造爱的社会"。可见,慈济给予社会捐赠者的报酬除了社会资本以外,更多的是佛教的"功德"。我们也可以从下面的两个案例中来体会这种累积功德的佛教信仰。③

一位女性委员曾经坦白地告诉我,她的母亲现在也是一位慈济的会员。她母亲早先参加的是另外一个有名的佛教团体,不过后来她母亲认为慈济对于参与者的捐献运用效率更高,对慈济的贡献可能累积更多的功德,所以她母亲后来就转来参加慈济了。

有一次,一位女性"幕后委员"向我抱怨,她交了500元会费给她的婆婆,她婆婆告诉她:这500元会费中,她和她先生的名下每人会费

---

① 慈济全球资讯网.慈济荣誉董事会、慈友会[EB/OL]. http://www.tzuchi.org.tw/index.php?option=com_content&view=article&catid=86%3Atzuchi-groups&id=387%3A2009-01-21-05-39-43&Itemid=344&lang=zh,,2009-02-16.
② 慈济厦门负责人接受访谈时的访谈记录。
③ 丁仁杰.社会脉络中的助人行为:台湾佛教慈济功德会个案研究[M].台北:联经出版有限公司,1999:291-292.

105

各有金额200元,而另外100元则放在婆婆自己的名下。可是后来"幕后委员"发现,她婆婆在自己和儿子(也就是叙述者的先生)的名下放的会款较多,这位"幕后委员"的名下所放的会费却较少,她觉得她的婆婆在这一点上是十分不公平的。由她的抱怨我们可以看出,她是非常关心她的婆婆是否公平分配由她捐出的会费所代表的功德的。……慈济参与者在参与中,是持续性关注他们行善可能带来的功德上的后果的。

不过慈济给予捐赠者"功德"的报酬模式还不同于一般佛寺慈善会。一般佛寺慈善会通过法会的形式为捐赠者祈福消灾,帮助捐赠者累积功德。慈济早期也会念一些佛经,但是,后来慢慢淡化了这方面的色彩。这也是慈济的独特地方。①

从以上的分析我们可以看出,闽台佛教慈善组织在捐赠者的报酬方面存在着较大的差异。慈济筹资方式较为社会化,但是,给予捐赠者的"报酬"更多的是与佛教信仰"功德"相关。同心慈善会的筹资方式社会化,"报酬"也是世俗化的,特别是在大陆宗教氛围下,还有很多政府机关事业单位与同心共建,也是非常难得的。而南普陀寺慈善会与捐赠者之间的社会交换则是以法布施换取财布施,"报酬"的对象是佛教信仰"功德"。

本章小结

本章应用社会交换理论来分析与比较闽台佛教慈善组织的资源动员。从闽台佛教慈善组织的志工资源来看,慈济的志工无论在志工的规模还是专业素质上都居于华人社会的前列;同心慈善会的志工规模虽小,但通过自身专业化的培训,其志工也具备一定的专业素养。从志工的社会交换来看,慈济与同心慈善会都为志工服务社会提供了一个很好的平台,而且它们也为志工学习、提升自我的心灵修养提供了很好的课程体系。由于慈济是一个佛教修行团体,因此,其志工的报酬体系中除了与同心相似之外,还

---

① 慈济于2006年成立40周年时,成立了慈济宗门,成为佛教新的一个分支,因此,它的运作模式有别于其他传统佛寺。

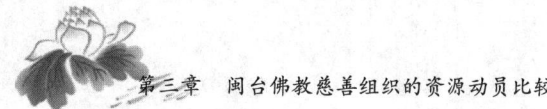

充分满足了志工的灵性需求,让他们寻找到了宗教的皈依。证严法师与志工之间形成的精神纽带关系成为动员慈济志工最为有效的机制。在物质资源动员方面,慈济是华人社会中规模最大的佛教慈善团体,其惊人的物质动员能力与其独特的委员——会员动员机制密切相关。同心慈善会的物质动员方式与世俗组织基本类似。这一点也表现在慈济上。南普陀寺慈善会的物质资源动员是建构在佛寺经济的基础之上。在佛教慈善组织物质资源的社会交换方面,同心慈善会是一种世俗化的社会交换方式,必须充分满足各捐赠主体世俗化的需求;而慈济与南普陀寺慈善会必须满足捐赠者积功德的心理诉求。当然,慈济的一部分捐赠者也是从世俗需求出发的,并不一定是出于佛教信仰。不过这一点我们还有待于以后实证的调研加以证实。

第四章

闽台佛教慈善组织的资源转化比较

佛教慈善组织,在通过社会交换,获取资源后,若缺乏一整套有效的组织转化机制,就无法将其所动员的资源加以有效地统筹、整合成组织所需要的产出。我们可以将它们的转化机制看作是组织的一个运作过程。本章,我们主要从社会交换理论出发,探讨与比较闽台两地佛教慈善组织的组织使命、组织决策、志工管理等方面的问题。

第一节 闽台佛教慈善组织的使命比较

组织使命对非营利组织的资源转化具有关键性的作用。这是因为非营利组织的使命界定了组织所要提供的产品与服务;界定了组织永续生存与发展的疆界;表明了组织存在的目的与理由;明确了组织的服务对象。[1]这就意味着非营利组织的使命界定了其资源转化的方向,即服务的类型与服务的对象。非营利组织必须制定出合理有效的组织使命,使其组织资源

---

[1] 陆宛蘋,何明城.非营利组织之使命与策略[M]//萧新煌,等.非营利部门:组织与运作.台北:巨流图书股份有限公司,2010:78.

转化的方向能够充分符合社会的需求,清晰地向社会公众传达组织的宗旨与目标。管理学大师德鲁克认为,成功的组织使命必须具备三要素:机会、竞争力和奉献精神。下面我们就以德鲁克成功组织使命的三要素为标准来分析与比较闽台佛教慈善组织的使命。

一、同心慈善会的组织使命

同心慈善会从一个义工小组发展成为专业性佛教慈善团体,于2002年在厦门同安区民政局登记,全称为"厦门市同安区同心慈善会"。成立以来,同心人以"小蚂蚁"的精神,尽自己的所能为社会济贫、赈灾、环保、儿童福利做出自己的贡献。同心以"养护心灵、关怀生命"作为其理念,以"与人为善、同心协力、共创安心家园"作为其宗旨,清晰明了地向世人传达了其组织使命与精神。

1. 机会与竞争力

同心慈善会的组织使命没有宗教色彩。"养护心灵、关怀生命"的组织理念,既契合社会弱势群体的需要,也充分满足了社会中产阶层对心灵环保的需求。这既为同心慈善会的发展奠定了更为广泛的社会基础,也提高了组织的社会竞争力。

2. 奉献精神

同慈济一样,同心慈善会也是通过志工培训来保障组织使命成为其志工的信仰。即使是同心的员工,同样也要以组织使命为信仰。这有两个原因:其一是大部分同心员工都是从志工转化过来的,亦即这些人参加志愿者之后成为同心的全职人员。其二是剩下的一部分员工是广普法师的出家弟子,秉承师志是理所当然的。2008年汶川地震和2010年玉树地震期间,同心人走上街头募捐,以及到灾区赈灾的事迹被广为报道,他们的奉献精神也同亿万志愿者一样,成为这个时代最和谐的音律之一。

二、南普陀寺慈善会的组织使命

作为大陆第一家合法登记的佛教慈善团体,南普陀寺慈善会与上述两家佛教慈善组织最主要的区别在于,其宗教性最为浓厚,其组织使命更多地体现了佛教教义的精髓。我们可以从南普陀寺慈善会的自我介绍中看出它的使命:[①]

"勿忘世上苦人多。"作为中国大陆第一个以佛教界人士发起并且具有法人资格的慈善团体,在现任会长圣辉大和尚带领下,一批热心慈善事业的僧青年,抱着不为自己求安乐,但愿众生脱离苦海的心愿,将满腔热忱致力于服务人群、造福社会的善举。

"无缘大慈,同体大悲"……我们深信,在佛陀慈力加被下,在社会各界支持下,南普陀寺慈善事业基金会如旺盛炉火,把慈善之光和热奉献给社会,愿慈善的甘露洒满人间。

1. 机会与竞争力

相对于前两家佛教慈善组织而言,南普陀寺慈善会的组织使命最符合传统的佛教慈善组织,其"无缘大慈,同体大悲",以及"勿忘世上苦人多"的组织使命有效地诠释了佛陀慈悲为怀精神在当代的实践。南普陀寺慈善会所提供的服务基本上符合其组织的特性。但是,作为一个在全国有着重要影响的汉传佛寺,以及佛教僧伽教育重镇,其现代社会服务则落后于其他佛寺,比如江苏的佛寺已经开展专业性的心理咨询业务,帮助饱受心理疾病折磨之人脱离苦海。因此,南普陀寺慈善会还处于传统救济阶段。

2. 奉献精神

南普陀寺慈善会的主要负责人及其员工都是南普陀寺的僧伽,佛陀的"无缘大慈,同体大悲"是他们的信仰之一。因此,以佛教慈悲精神为组织

---

① 南普陀寺慈善会简介[EB/OL]. http://www.nanputuo.com/nptcsh/html/200701/2115530166487.html.

使命的佛寺慈善会,其员工的奉献精神也并不逊色于其他世俗志愿组织的志工。

此外,我们可以从南普陀寺慈善会的"勿忘世上苦人多"的组织使命明了其组织资源转化所服务的对象——社会贫弱群体。这既符合传统佛教慈善所服务的群体,也符合南普陀寺慈善会的服务类型,即南普陀寺慈善会提供的服务以传统的社会救助服务为主。

三、慈济基金会的组织使命

创建于 1966 年的慈济基金会,其全称是"佛教慈济慈善事业基金会",迄今为止已有近 50 年的历史,是目前台湾地区乃至华人社会最大的佛教(宗教/民间)慈善团体,为华人社会乃至世界慈善事业的发展做出了突出的贡献,证严法师更是被称为"台湾的特蕾莎"。我们可以从慈济志言[①]中看出慈济组织的使命与精神。

佛教慈济功德会,秉承佛陀"无缘大慈、同体大悲"之心念,服膺印顺上人"为佛教、为众生"之志节,从事济贫教富之志业。因此,我们的理想是:以慈悲喜舍之心,起救苦救难之行,予乐拔苦,缔造清新洁净之慈济世界。

我们的方法是:以理事圆融之智慧,力邀天下善士,同耕一方福田;勤植万蕊心莲,同造爱的社会。

我们的工作是:集慈善、医疗、教育与人文四大单元于一炉。

而我们的精神是诚、正、信、实。我们深信众生平等,人人具有佛性,只要能从慈门入,必能一窥佛门的庄严美妙殿堂;只要能从善门入,富者施之,必能得福而乐;贫者受之,必能得救而安。

1. 机会

德鲁克[②]指出要想制定出一份有效的使命,就必须学会让机遇、能力

---

① 释证严.慈济志言[M]//慈济文化中心.慈济年鉴(2009).台北:慈济文化出版社,2010.

② 彼得·德鲁克.非营利组织的管理[M].北京:机械工业出版社,2007:6-7.

和目标三者之间形成完美的匹配。在他看来,所谓机会就是组织要积极寻找社会的需求,把握正确的资源转化方向;所谓竞争力就是社会需求与组织自身的优势相匹配的程度;所谓奉献精神就是要使得组织使命成为组织成员真正的信仰。德鲁克指出,任何组织的使命必须全面地反映这三要素,否则就无法达成最终的目标、最终的愿望以及通过最后的检验,也就无法调动组织的人力资源来做好正确的事情。

德鲁克在谈到成功使命三要素时,首先要求组织的领导者要自问:"我们所面临着的机会和需求是什么?然后要问的是,这些机会和需求是否适合我们?"[①]也就是说,一个组织使命的确立,一定要契合社会需求,以社会需求来决定组织资源转化的方向。这就好比一个企业,生产的产品一定要符合社会的需要,要有广阔的市场前景,否则,企业生产的产品品质再高,也无法销售出去。同理,一个非营利组织,其使命必须符合社会的某种期待与满足。海峡两岸尽管经济发展水平各异,但是,社会对慈善公益事业的需求空间还是比较大的,这就为包括佛教慈善组织在内的社会慈善团体提供了广阔的发展前景。

2. 竞争力

佛教慈善组织秉承佛陀"无缘大慈,同体大悲"的精神,以出世的精神做入世的慈善事业,其对信徒强大的号召力,成为这类组织发展的原动力。证严法师是当代台湾佛教学大师印顺法师的弟子。她曾经表示,当初创立慈济功德会就是秉承其师父"为佛教、为众生"的信念。在她的心中,佛教的教理最圆融、最彻底、最完美……包容普天之下所有的学问,[②]若功德会没有"佛教"二字,就像一个有躯壳而没有实质灵魂的人一般。[③]她要将佛教的教义运用在生活、起心动念上,不仅心中牢记佛教教义,而且要在行为

---

① 彼得·德鲁克.非营利组织的管理[M].北京:机械工业出版社,2007:7.
② 释证严.真善美在人间[M]//慈济文化中心.慈济年鉴(1966—1992).台北:慈济文化出版社,1993:559.
③ 释证严.甘愿的人生[M]//慈济文化中心.慈济年鉴(1993).台北:慈济文化出版社,1994:337.

上表现出"佛法生活化、菩萨人间化"①。可以说,从创立慈济伊始,证严法师就已经将佛法作为其组织最为核心的精神要素,佛教慈善思想是其组织使命的核心组成部分。这不仅契合了各个时期台湾社会的需求,而且将这种需求很好地与慈济自身所具有的佛教优势结合了起来。

首先,"为佛教、为众生"是慈济最为核心的价值与使命,也是证严法师带领慈济人的精神动力。

> 犹记得当年证严皈依导师时,已是近午时分,为了赶上戒坛,导师在时间紧迫下,匆忙开示道:"你既然皈依了,就要为佛教、为众生奉献心力。"

> 当时,"为佛教、为众生"六个字,如雷贯耳,一个字一个字,清清楚楚、扎扎实实地重烙在我心里。这六个字,三十八年来,我始终拳拳服膺,不敢须臾懈怠。当然,这六个字也让我终生受用不尽,成为我尽形势,全力以赴的目标。②

其次,内修"诚、正、信、实",外行"慈、悲、喜、舍"是慈济人修行的指导思想。这八个字代表了慈济人内心的修行与外在的实践。证严法师一再提醒慈济人,帮助他人之前要先净化自身的心,这样才能以"菩萨心"行"菩萨道"。

最后,慈济更是将四无量心的"慈、悲、喜、舍"③落实到慈济的四大志业:慈善、医疗、教育与人文。

3. 奉献精神

奉献精神就是组织成员将组织使命作为自己真正的信仰。这一点在

---

① 释证严.甘愿的人生[M]//慈济文化中心.慈济年鉴(1993).台北:慈济文化出版社,1994:337.

② 释证严.序:吾师,用生命灌注了佛教与苍生[M]//潘煊.看见佛陀在人间:印顺导师传.台北:台北文化,2002.

③ 证严法师认为:"慈"是"无缘大慈",是"予乐",代表"慈善志业",具体落实是要将"慈善国际化",做到"大慈无悔";"悲"是"同体大悲",是"拔苦",代表"医疗志业",具体落实是要将"医疗普遍化",做到"大悲无怨";"喜"是"以持正法起喜心",是"轻安",代表"文化志业",具体落实是要将"文化深度化",做到"大喜无忧";"舍"是"以摄智慧起舍心",是"付出",代表"教育志业",具体落实是要将"教育完全化",做到"大舍无求"。

慈济人身上体现得淋漓尽致。慈济委员、慈诚等志工队伍，他们都是证严法师的出家皈依弟子，证严法师所确定的慈济使命就成为他们信仰的一部分。跟随证严法师就是要跟随她的慈济路。2006年慈济成立40周年的时候，证严法师成立了慈济宗，作为凝结证严法师思想精华的慈济组织使命成为全体慈济人共同的精神依归。在台湾，无论是"9·21"大地震，还是"8·8"台风水灾，慈济人的救灾效率震撼台湾；日常的济贫防贫，慈济人更是身体力行，以大爱的精神服务众生。慈济人已经成为台湾爱心的象征，得到了社会公众的极大认同。慈济人也将这种大爱传播到了大陆和世界各地。

  慈济作为佛教慈善团体，以社会众生作为他们组织服务对象既符合佛教教义，也契合慈济成立初期台湾社会弱势群体的祈盼，更满足了慈济发展壮大以后社会中产阶层的需求。此后，不论是居家服务还是济贫赈灾，慈济无不以天下苍生作为其服务的全部旨归。同时，慈济组织使命还清晰地界定了其资源转化的结果：慈善、医疗、教育与人文四大志业。慈济以"慈、悲、喜、舍"为志业理念，将其落实到慈济的慈善、医疗、人文与教育。这种通过佛教教义诠释组织志业的方式，可以让慈济志工明了组织所从事的事业，也向社会公众明确地传达了组织所提供的服务。

  综上，建构在佛教慈善思想和人间佛教基础之上的佛教慈善组织使命，契合了社会的发展需要，为组织的资源转化确定了清晰的方向与目标。它们的组织使命对于其信徒具有巨大的号召力，激励着他们（信徒）不断从事济世救民的慈善事业。不过，闽台佛教慈善组织之间的组织使命还是呈现出不同的特点。其一，受组织历史所限，福建佛教慈善组织的使命都比较单一。慈善组织作为社会团体，其不仅要满足社会弱势群体的服务需求，也要满足捐赠人、政府、企业的诉求。只有这样慈善组织才能获得更大的发展空间。台湾地区的慈济组织使命就是成体系地呈现于世人的眼中，既满足了社会弱势群体服务的需求，也满足了社会富裕群体提升心灵环保的渴望，为他们修行提供了一个大课堂。因此，福建佛教慈善组织必须发展出更加完善的组织使命体系，以满足不同利益相关者的需求。其二，闽台之间佛教慈善组织的竞争不同。台湾地区的慈济发展出庞大的志业体系，涵盖慈善、医疗、教育、人文等诸多方面，而福建的慈善组织基本还处于

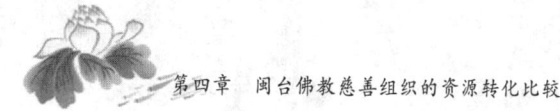

传统的单一慈善阶段。同心慈善会也有心灵环保等现代社会服务,但是,由于规模和专业水准的限制,其竞争力尚不能与台湾同行相比。这既为闽台慈善组织之间的交流提供了必要性,也说明闽台之间交流的紧迫性。我们可以邀请更多境外慈善组织来大陆进行交流,以提升慈善组织的专业水准,进而提升它们的竞争力。

第二节 闽台佛教慈善组织的决策系统比较

决策是指"人们为实现特定的目标,对未来的活动进行设计、选择,并作出决定的过程"。[①] 它有狭义和广义之分,前者仅指决策方案的抉择;后者则包括决策实施的全过程。组织决策系统是组织资源转化的关键。决策机制失灵,或者决策不当都会影响到组织资源转化的效率。决策的主体可以是个人,也可以是集体。本节我们主要从决策主体来分析和比较闽台两地佛教慈善组织的决策系统,即分析和比较它们的领导者和决策机构,前者是组织决策的灵魂,后者体现了组织决策的方式。

一、闽台佛教慈善组织的领导者比较

领导者对组织的决策过程,实际上也是对组织管理实践的过程,它是组织各项事业能否顺利发展的关键。组织的领导者(决策者)的素质很大程度上决定了组织决策的科学性。闽台三个佛教慈善组织的领导者分别是证严法师、广普法师和圣辉大和尚。下面我们就分析和比较他们的领导素质与领导风格。

---

① 孙钱章.实用领导科学大辞典[M].济南:山东人民出版社,1990:166.

（一）民主型领导——广普法师

福建佛教慈善组织的领导者个人素质也比较高，其领导风格既有民主式，也有民主与专制的结合。同心慈善会的会长广普法师出家前是大学哲学硕士、厦门大学外语教师，她是一位文化程度高，富有现代人文思想的组织领导者。广普法师对现代管理理念有着自己的理解与体会，能够充分利用各种资源学习现代非营利组织的运作模式，以及管理的精髓。同心慈善会成立以后，她就利用互联网考察世界各地非营利组织的管理经验，并且在香港义工局的帮助下，系统地学习了当地慈善公益组织的管理经验。广普法师坚持要建立一个独立的、不依附于任何佛寺的慈善组织，为组织自主性打下基础。身为同心慈善会的会长，在其组织决策过程中，能够充分地听取组织成员的意见，并且严格遵循理事会领导制度，凡事都与常务理事商量，具有现代民主的领导风格。

（二）混合型领导——圣辉大和尚

混合型领导一般是指民主与专制相结合的一种领导风格。根据南普陀寺慈善会的相关组织章程，其会长一般是由南普陀寺的方丈兼任。南普陀寺慈善会的现任会长是圣辉大和尚。圣辉大和尚毕业于中国佛学院，是中国佛教协会的副会长，曾担任第九、十届全国政协常委，现任第十一届全国人大代表，是一位具有丰富佛学修养的宗教界领导。在南普陀寺慈善会创始人妙湛法师圆寂以后，圣辉大和尚担负起慈善会领导的重任。在其接管初期，对慈善会事事亲躬，以践行妙老的"勿忘世上苦人多"的遗训为己任，任劳任怨，为南普陀寺慈善会的发展做出了巨大的贡献。因此，凡是南普陀寺慈善会的重要决策事项都由其拍板，这是其专制型领导风格的体现。现在，圣辉大和尚已经到外地寺院任方丈，但仍留有会长一职。现在南普陀寺慈善会的日常事务由办公室负责人正兴法师来管理。圣辉大和尚充分授权给慈善会管理团队，使他们各司其职，这是民主型领导风格的体现。因此，南普陀寺慈善会的领导者具有混合型的领导风格。

（三）魅力型（台湾译为"卡理斯玛"）领导——证严法师

证严法师是慈济的创办者，也是所有慈济人心灵的导师，是慈济无可

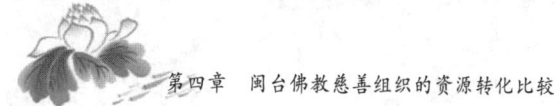

争辩的领袖。证严法师以其东方女性所特有的坚忍气质,加之宗教人士所秉持的慈悲情怀,成为万千慈济人敬仰的对象。很多人正是在其精神的感召之下投身慈济;他们相信慈济,是因为他们相信证严法师。慈济人的言语、眼神、姿态,无不流露出对证严法师发自内心的敬重。可以说,证严法师是一位具有东方女性特质,带有宗教情怀的魅力型领导。

魅力型领导理论最早是由美国学者豪斯(House)于20世纪70年代末提出来的。他指出,魅力型领导一般是指能够对下属产生下列影响的领导风格:能够让下属充分相信领导者的信仰正确并且接受领导者的信仰;能让下属无条件接受、热爱并服从领导者;能使下属认同领导者并模仿其行为;能使下属对组织目标产生使命感等。① 英国学者布里曼认为魅力型领导实质上是一种"社会交换",交换的内容是其所包含的情感因素,而非理性成分,这种情绪性质就可以看作是魅力型人格特质的核心。② 这种交换的过程就是魅力型领导权力产生的过程。魅力型领导有着与众不同的行为特性。学者豪斯、巴斯(Bass),以及康格和凯南格(Conger and Kanungo)分别从各自的角度探讨了魅力型领导的行为特性。③

证严法师在慈济的发展中扮演着至关重要的角色。台湾学者有关证严法师的"卡理斯玛"研究表明,对于信众来说,他们对于证严法师的崇拜与情感摄入,使得证严法师与信众之间维持着一种情感性的"共同体的连带关系";同时,信众也从证严法师日常济贫助困的活动以及佛教格言的开

---

① House, Robert J. A 1976 theory of charismatic leadership [C]//Hunt, James G, and Larson, Lars L(Eds.). Leadership the cutting edge. London: Feffer & Simons, 1977: 189-207.

② Alan Bryman. Charisma and leadership in organizations [M]. London: Sage, 1992.

③ 学者豪斯认为魅力型领导的行为特性包括角色模拟、阐述目标、表达较高的愿望与信心、激发行为动机等;巴斯则认为魅力型领导的行为特性则包含擅长印象管理、把工作与价值观联系起来、描述有吸引力的愿景、树立角色榜样、富有表现力的行为等;此外,学者康格和凯南格则从倡导理想化的愿景、承担个人风险、展示非常规行为、对环境的敏感,以及行为方式富有表现力等几个方面描绘了魅力型领导的行为特性。详见董临萍,张文贤.国外组织情境下魅力型领导理论研究探析[M].外国经济与管理,2006(11).

示中,感受到了法师的人格魅力与高尚的道德情操,从而化作无穷的行动力量。① 同时,基于人间佛教所开创的道路,加上证严法师对于佛教教理教义独特的理解与开示,形成了慈济各种非理性的判决过程,奠定了慈济"卡理斯玛"的形成机制。基于上述的魅力型领导理论与台湾学者有关慈济"卡理斯玛"的研究,我们将从角色榜样、充分授权、心灵沟通三个方面分析证严法师所具有的"魅力型领导"的特质与行为特征。

1. 角色榜样

魅力型领导之所以有"魅力"是因为其"人格"的魅力。一般来说,宗教魅力型领导必须具备较高的道德素养,其修行的方式为其追随者所认同与模仿。得益于印顺法师的教导,证严法师继承与发扬了人间佛教的信念,以出世的情怀从事入世的事业,成为慈济人的行动榜样。高度的财务透明以及慈济零行政成本的筹资方式,为慈济赢得社会各界的广泛信任。证严法师也借此成为台湾道德的楷模。在慈济近50年的发展历程中,证严法师始终以其坚韧的意志支撑起慈济发展的大厦。正是因为证严法师塑造了一个性格坚毅、自信,具有仁慈之心的宗教领袖角色,才使得慈济人心甘情愿地追随她、模仿她。这也正是魅力型领导的独特之处。

2. 充分授权

证严法师的充分授权是通过其社区志工网络体系体现出来的。慈济是一个跨境非政府组织,分会和联络站分布于全球70个国家和地区。各地区的情况千变万化,证严法师不可能随时了解这些地区所发生的状况。因此,证严法师一般都授权当地慈济的负责人统管各项事务。这样有利于因地制宜地进行决策。以慈济赈灾为例,当某地慈济委员发现当地需要赈灾后,就会通过慈济全球的卫星视听系统将受灾情况向慈济总部汇报,然后建议采取什么样的行动。证严法师就会根据当地慈济负责人的建议采取行动。这种决策模式保证了慈济运作的高效。

---

① 王顺民.宗教福利[M].台北:亚太图书出版社,1999.

3. 心灵沟通

所有慈济委员、慈诚都是证严法师的在家弟子,他们必须每天学习慈济的人文思想,通过收看大爱电视台聆听证严法师的教诲。同时,慈济有大量的出版品,如《慈济月刊》、《经典杂志》、《纳履足迹》、《静思语》等,这些书也是慈济人必读的书目。此外,慈济还有各种各样的茶会、交流会、联谊会,以及资深慈济委员的现身说法。通过这种形式,慈济人时时都在与证严法师进行心灵上的沟通,进而跟随证严法师的慈济路。

通过比较与分析,我们发现闽台两地佛教慈善组织的领导人,在其组织的发展方面起到了重大的推动作用,他们都经历了组织创办、发展和成熟的过程。但是,闽台两地佛教慈善组织在领导风格方面存在着较大的差异。证严法师所具备的强大的道德感召力,在一定程度上实现了"神圣性"与"超脱世俗性",充分具备一位宗教精神领袖的特质。证严法师也因此成为万千慈济人追随的对象。这种领导力产生了无穷的凝聚力。证严法师表示她要为慈济奉献终生。但是,慈济最大的问题就是组织领导的正常更替。如果慈济没有建立起组织领导正常的交替制度,未来后证严时代,谁能担负起慈济的领导重任是台湾社会各界的关注焦点。但是,同样的问题会不会出现在同心呢?也许,广普法师还很年轻,可以在慈善公益事业上奋斗很多年。但是,同心的创立与发展同样离不开其所建构的社会关系网络,以及其特殊的佛教徒身份。对于闽台两地佛教慈善组织来说,未来如何实现领导层的顺利更替,是组织未来存续发展的关键性因素之一。因此,慈济需要从魅力型领导向科层制组织领导转化;同心也需要培养领导团队,以适应未来组织发展的需要。

二、闽台佛教慈善组织的决策机构比较

理事会(或董事会)是非营利组织决策机构。世界各国的法律法规一般都详尽规定了非营利组织的理事会制度。我国《民办非企业单位登记管理暂行条例》、《社会团体登记管理条例》,以及《基金会管理条例》对我国非

营利组织理事会制度做出了详细规定,其特点如下[①]:①将理事会作为非营利组织内部治理的核心机制。在我国现有的法律框架下,组织发展的重要事项的决定权,以及重要法律权利一般集中在理事会之中。理事会可以决定组织的章程、人事的任免、财务预算的审批、年度活动计划的审核等,并且选举理事长(或会长,台湾称为总执行长)作为法定代表人。②理事会与执行层的权力分立。在理事会制度中,理事会具有决策权,是组织决策的核心机构,有权决定和聘任执行层。执行层受理事会委托负责组织的日常活动。③民主的集体决策模式。理事会制度下,理事实行民主集体决策,一人一票决定组织的重大事项。④将理事会(或监事)作为内部监督机制。为了防止组织内部的渎职行为,理事会一般都会产生一个监事会从事监督工作,主要包括财务的监管、人事的聘用等事项。台湾地区的相关法律法规也对董事会制度进行较为详尽的规定,内容大同小异。[②] 这也是非营利组织理事会(董事会)"制度同构"的现象。

(一)同心慈善会理事会

厦门同心慈善会成立于2002年,登记之初其法人治理结构并不健全,直到2009年召开第一次会员代表大会,才形成了比较完备的法人治理体系。2009年12月2日,同心慈善会在同安区人民政府会议厅举行同心第一届会员代表大会。同心从2375名会员当中甄选出170名会员为第一届会员代表。会议选举出同心第一届理事会,并通过了第四版章程草案和会员代表制度。同心于2010年9月29日开始实施《厦门市同安区同心慈善会理事会制度》,对同心理事会的制度进行了详尽的规定。根据此项规定,同心慈善会的理事会制度采取了三级委托制,亦即会员代表大会、理事会、常务理事会三级层层委托代理关系。下一级由上一级选举产生,并且对上一级负责;下一级是上一级的常设机构。同心慈善会的会长是由会员代表大会选举出来的最高行政负责人,全面领导同心慈善会的日常工作。

---

① 田凯.中国非营利组织理事会制度的发展与运作[J].经济社会体制比较,2009(2).

② 台湾地区的"人民团体法"也对理事会的组成、权力等事项做了详尽的规定。

第一次会员代表会议以后,同心慈善会的法人治理结构得到了完善与落实。理事会,特别是常务理事对于同心的日常事务的决策权的行使一般是处于被动状态的。例如同心秘书处曾草拟了一份有关提高同心慈善会全职工作人员薪资待遇的文件。这份文件由秘书处传真给各位理事,以征得各位理事的同意。从决策的方式来看,同心慈善会做到了民主决策。但是,从发挥的作用来看,理事一般忙于自身的业务,无暇"照看"同心。从同心慈善会的实际决策过程来看,由于广普法师是同心的创办人,其在同心的决策体系中处于核心地位,也是实际的决策者。同心理事会的治理结构的功能还有待于进一步发挥。

(二)南普陀寺慈善会班首、执事会议

南普陀寺慈善会是由寺院创办的,因此,其决策机构与一般的非营利组织不同。它的最高决策机构是南普陀寺的班首、执事会议,其职权非常广泛,可以决定慈善会的章程、财务预算与行使等一系列重大事务。同时,由于组织自身附属于寺院,因此,会长自然由南普陀寺的方丈兼任,全面领导慈善会日常事务。同时,还设立秘书长协助会长管理慈善会。但是,由于佛教寺院的丛林制度,佛寺一般实行"方丈负责制",班首、执事会议也处于一种象征性的地位。因此,南普陀寺慈善会的实际的决策权集中在会长(即方丈)手中。

(三)慈济基金会董事会

慈济在台湾有关当局登记为"财团法人慈济佛教慈善事业基金会",根据台湾"'内政部'业务财团法人监督准则"的相关规定,设立了董事会。董事会的成员一般由慈济的静思精舍推荐,成员包括静思精舍的常住师父、荣誉董事、志业中心的主管人员。目前慈济董事会拥有成员7人[①],董事长由证严法师担任。慈济董事会每半年召开一次会议,凡有重大事项,董事会则召开临时会议。董事会的主要职责,包括计划、预算、决算之审核;

---

① 台湾"'内政部'业务财团法人监督准则"规定:基金会董事之名额,不得少于5人,除宗教财团法人不得超过31人外,均不得超过19人,并且须为单数。

基金保管运用稽核与监督;人事聘任以及推荐等。

有关慈济的资料中,如《慈济月刊》、《慈济道侣》一般很少提及董事会①,因此,慈济的董事会具有象征性的意义。首先,从董事的成员组成来看,基本上都是来源于慈济内部人士。这些内部人士熟悉慈济的业务,在决策上容易达成一致,有利于提高决策效率。因此,慈济董事会的治理体系很难从规范性的角度加以衡量。其次,慈济强调"以'戒'为制度",以"'爱'为管理",主张依靠下属机构的自主性,以及自律性进行决策与管理,各志业中心,包括慈济的志工团体已经形成了富有慈济特色的"自下而上"的决策模式。因此,慈济董事会一般较少发挥实际决策功能。

以上三个组织理事会(董事会)无一不处于象征性地位,这既说明了我国宗教慈善组织理事会制度的建设之路还很长,也说明了理事会实际功能的发挥受到了许多现实因素的制约。理事会更多地被看作是组织发展社会网络,提高社会资源动员能力的一种工具。其实,不仅是佛教慈善组织理事会实际功能没有发挥出来,其他非营利组织也常常是如此。有学者就指出了我国理事会虚设和个人化控制的问题,②亦即非营利组织理事会的设立只是为了符合法律法规的相关规定,理事会制度仅仅停留在章程上,并没有发挥实际的功能,也没有对组织的日常活动进行较好的指导、干预与监督。组织决策权力实际上掌握在组织创办者的手中。当然,这与我国非营利组织发展的时间较短有着较大的关联,也符合组织成长的生命周期。当然,随着组织的发展,我们期望非营利组织的理事会能够发挥其实际功能,发挥权力制约与监督的作用,完善我国非营利组织的治理体系。

一般来说,非营利组织的决策系统决定了其组织资源转化的效率。而非营利组织决策系统是其治理体系的核心部分。现代规范化的非营利治理体系下,理事会(董事会)的功能都得到了很好的发挥,他们是组织决策者,选举并监督组织的执行层。可以说,如果没有完善的理事会治理机制,那么,非营利组织资源转化的效率必然低下。闽台佛教慈善组织的理事会

---

① 笔者从慈济的年刊中以"董事"两字进行检索,其董事资料一般是关于慈济医院的董事。而慈济董事会的董事及其事务鲜有提及。

② 田凯.中国非营利组织理事会制度的发展与运作[J].经济社会体制比较,2009(2).

(董事会/班首、执事会议)在其组织的治理体系中并没有发挥其应有的作用。但是,其组织资源的转化效率并不见得低下。这显然不能用规范化的理事会治理体系来解释。而其中的原因之一就是闽台佛教慈善组织都还处于组织发展的初期或中期(尽管慈济有着近50年的历史),决定它们组织资源转化效率的不是它们的理事会,而是它们的领导者。正是因为闽台佛教慈善组织都有杰出的领导者,才弥补了组织理事会治理体系的不足。

第三节 闽台佛教慈善组织的志工管理比较

佛教慈善组织资源转化的过程就是其服务供给的过程,而志工是其服务供给的主体。佛教慈善组织志工素质的高低直接决定了其服务品质的优劣,进而决定了资源转化的绩效水平。志工管理在佛教慈善组织的资源转化中具有重要的作用。志工管理一般分为宏观管理与微观管理,前者一般是指政府对社会组织志工活动的管理;后者是指志愿组织自身对志工的招募、选拔、培训、使用、激励、评估等微观管理过程。本书主要分析和比较两地佛教慈善组织的微观管理过程。

一、同心慈善会的志工管理

同心慈善会的志工管理主要依下属的全资子机构——义工服务中心来进行统筹规划。根据同心章程的相关规定,同心义工服务中心的基本职能是为社会提供义工培训服务,并传播非营利性组织的经营管理理念,为社会工作者提供服务社会经验。同心不仅重视组织本身的义工培训,也通过培训为社会其他组织输送义工。以下我们将详细阐明同心慈善会的志工管理模式。

1. 同心志工的招募

同心慈善会的志工招募途径一般包括网络信息发布,以及人际关系的介绍。同心慈善会在每期志工培训班开课前都会在其网站、厦门市本地网上论坛,以及每个月的同心《安心》月刊发布有关志工培训的信息。不过,大多数人并不是通过网络来获取相关的信息,而是通过已经参加过同心慈善会的人介绍而来的。笔者走访了同心慈善会第26期柴火班的21位培训义工,其中有18名是经过认识的人介绍而来的。这显示,民间草根组织在其发展过程中,人际社会网络起到了巨大作用。

2. 同心志工培训

同心慈善会十分重视义工的培训,这也与广普法师个人的理念分不开。她认为做慈善,不仅要有爱心,也要有方法,有爱心有方法才可以把事情做得圆满;有爱心无方法,就会好心办坏事,有时候还会伤害到被救助者的自尊。同心义工培训可以分为三个部分:其一是有关义工基本知识的培训,包括义工工作的意义、价值,义工工作的基本概念,义工应有的责任态度,义工的类型、权利,以及义工服务的计划、评估、礼仪和规范;其二是有关同心慈善会服务项目的介绍;其三就是实践环节,义工必须参加为期一个月的义工实践,既可以参与同心组织的义工服务,也可以参加其他公益组织举办的义工服务,甚至义工小组还可以自己组织起成员参与。目的是通过实践环节,学员能够学以致用,提高理论素养和专业素质。最后,义工还必须接受同心义工服务中心的考核,才能成为正式注册的同心义工。这种比较连贯的培训课程有助于提高义工的专业水平,使他们不仅有爱心,更掌握了方法。我们可以通过同心义工服务中心义工基础培训班第26期课程表来直观地了解同心的志工培训(表4-1)。

表4-1只是同心培训课程体系的初级部分,根据同心义工服务手册,同心还在初级培训的基础上设置了中级培训和高级培训两个课程。这种阶梯式的培训设计基本符合国际志工培训惯例。比如,同心会为一些有志于成为资深志工的义工提供讲师培训,使之成为同心未来培训中师资的来源之一。另外,同心慈善会也会借助外界的培训资源,来培训本组织的志工,以此进一步提高他们的理论和专业素养。

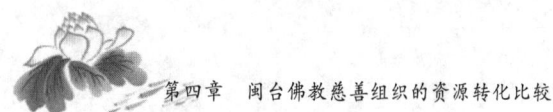

表 4-1 厦门市同心义工服务中心义工基础培训班第 26 期课程表

上课时间	课次	课程内容	主讲老师
2010 年 9 月 12 日 9:30—11:30	1	义工价值观及社会需求 义工的价值与类型 同心慈善会的理念和宗旨	林伟松
2010 年 9 月 18 日 9:30—11:30	2	同心义工服务守则 小组案例讨论	洪 岩
2010 年 9 月 24 日 19:00—21:00	3	义工服务计划与评估 义工服务礼仪与规范	林伟松
2010 年 10 月 7 日 9:30—11:30	4	同心义工四大服务项目 认知与实践(上)	义工中心讲师团 洪岩
2010 年 10 月 17 日 9:30—11:30	5	同心义工四大服务项目 认知与实践(下)	义工中心讲师团
2010 年 10 月 24 日	6	义工日常公益实践与督导	同心慈善会志工
2010 年 10—11 月	7	义工项目实践/考核/毕业论文	义工中心讲师团
2010 年 11 月 21 日 9:00—16:30	8	同心慈善一日行	黄 鑫
2010 年 11 月 27 日	9	毕业典礼	

资料来源:厦门市同心义工服务中心义工基础培训班第 26 期课程表[EB/OL]. http://www.ohch.org/newohch/newsView.asp?id=13.

3. 同心志工激励

同心慈善会还从理论上建构了较为完整的志工激励机制。它主要通过同心义工积分服务系统来实现,其目的在于鼓励义工在从事志愿服务基础上享受到更高等级的嘉奖,以使自身的服务专业更加精进,更好地服务社会公众。其嘉奖原则如下[①]:

凡服务积分 100 分以上者,可获优秀义工奖状;凡服务积分 200 分以上者,可获颁发一颗心奖章和嘉奖状;凡服务积分 400 分以上者,

---

① 同心慈善会《义工服务手册》有关"同心义工积分服务系统"的说明。

可获颁发两颗心奖章和嘉奖状;凡服务积分600分以上者,可获颁发三颗心奖章和嘉奖状;凡服务积分800分以上者,可获颁发四颗心奖章和嘉奖状;凡服务积分1000分以上者,可获颁发五颗心奖章和嘉奖状。

同心义工服务中心会在上述积分系统的基础上,区分不同的等级义工,并为他们提供相应的课程培训。这种激励模式符合心理学家赫茨伯格提出的"双因素理论"。为志愿者提供一个能够提升自我,以及增强他们专业水平和素养的平台是最能够激励他们的一种方式。因此,同心慈善会的这种激励模式比较符合"双因素理论"中的"激励因素"。同时,同心慈善会还根据志工不同积分,为他们设计不同的培训课程。

> 凡是积分获得优秀义工标准的,义工培训委员会将会开展针对性的课程进行培训学习;凡是积分获得两颗心标准的,义工培训委员会将会开展同心义工中级课程培训;凡是积分获得四五颗心标准的,义工培训委员会将会开展同心义工高级课程培训。[①]

4. 同心志工的使用

同心义工服务中心在建立之初就有两个宗旨,其一是为组织自身输送合格的志工人才;其二是为其他非营利组织输送志愿者。因此,同心志工的使用也是从这两个层次展开的。作为同心自身,其志工基本上服务于同心的八大项目,包括长者关怀、急难救助、环保、同心儿童院、癌友关怀等。为其他组织提供帮助,比如厦门市红十字会提供志工支持以助其开展志愿者服务,或者每年厦门马拉松赛事,同心也组织志工参与志愿者服务。

二、南普陀寺的志工管理

这里之所以用南普陀寺而不使用南普陀寺慈善会,是因为目前南普陀寺的志工招募是依托于其寺庙进行的,其在管理和组织上与慈善会没有关联。根据南普陀寺义工招募表的说明,南普陀寺义工的服务项目有:法会

---

① 同心慈善会《义工服务手册》有关"同心义工积分服务系统"的说明。

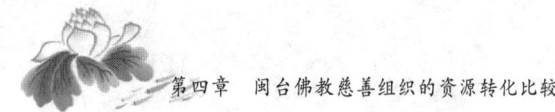

护持、道场清洁、会务接待、车辆协助、秩序维安、慈善协助、行政协助、文宣设计、法会布置、文字编辑校对和寺院导游等。① 可见,南普陀寺志工的主要职责是为佛寺服务,慈善协助只是其服务内容的一小部分。

1. 南普陀寺义工招募

南普陀寺从2009年7月开始招募首批志愿者,其目的是为"护持三宝、大型法会、重大法务活动"提供义工支持。南普陀寺在其网站、寺院游览区,以及会员月报上刊载招募信息,不过大部分志工都是通过人际社会网络参加的。

2. 南普陀寺义工培训

南普陀寺义工培训目的是为其各项法会、法务提供志愿者服务支持,同时,在慈善会日常活动时提供人力支援。但是,前者是其主要目的。南普陀寺义工培训的目标是为了提升"佛门中良好的义工形象",他们认为"在佛门里,知宾是接待的第一线,不仅代表着常住,也代表着佛教人的形象,肩负着常住与信众间之桥梁。透过义工培训,散发优质知宾的专业形象与风采,做个欢喜的接引菩萨,散播菩提种子;注入佛门龙象的法身慧命,分享禅悦法喜。提升知宾义工的素质内涵,散发优质形象;成就更多人学佛、信佛、行佛、共成佛道"。② 因此,其培训的课程内容注重佛教的弘扬,以及礼宾礼仪知识的传播,义工服务的内容只是其培训内容的一小部分。当然,有关慈善的内容也就无从谈起了。

目前,南普陀寺的义工管理中激励机制几乎是没有的,而且志工的使用也仅限于佛寺的各项活动,较少涉及慈善会的活动。因此,我们期待未来南普陀寺的义工能够更多地参与到其慈善会的活动中,以彰显义工服务社会的价值。

---

① 《南普陀寺义工菩萨招募表》。
② 南普陀寺2009年义工培训专题报道.课程主旨:优质义工形象[EB/OL]. http://www.nanputuo.com/nptzt/yigong/lemma.asp.

三、慈济基金会的志工管理

在慈济志工管理之中,培训居于核心的地位。这是因为培训是慈济将普通社会公众培养成慈济得力干将的一个过程。慈济培训主要有见习培训、志工培训、见习委员、培训委员等四个环节。它是慈济将其人文精神以及佛法精髓传授给志工的一个过程,也是志工心灵升华的一个过程。慈济志工管理过程包括招募、培训、激励、使用等。

1. 慈济的志工招募

慈济志工招募的方式包括慈济全球资讯网的网络招募,慈济的各种出版物(比如《静思语》、《慈济月刊》、《慈济道侣》等)、电视传媒(大爱电视台)等传媒招募。但是,慈济志工招募最为基本的方式还是人际网络的介绍。相关学者的研究,以及本书的实际访谈都证实了这一点。学者丁仁杰[①]根据Snow等人的研究成果,提出了志工招募的四种方式:媒体方式(比如报纸、电视等现代传媒)、邮件和电话方式、公共空间方式(比如散发传单)、社会网络方式(比如经由认识的人介绍)。研究发现社会网络方式的招募是慈济志工招募的主要途径,占其所研究个案的86.8%,并指出慈济其他招募形式,如媒体方式、公共空间方式等效果并不佳。而笔者访谈也从另一个侧面印证了这一点。笔者在第五届中国厦门国际佛事用品展览会上访谈了13名慈济志工,有11人表示他们是直接通过熟人介绍参加慈济志愿服务的。

2. 慈济的志工培训[②]

慈济非常强调志工的培训工作,要求志工"先知后行",希望志工能够在认知慈济人文精神,认同慈济理念的基础上,遵守慈济"十戒",认识到自

---

① 丁仁杰.社会脉络中的助人行为:台湾佛教慈济功德会个案研究[M].台北:联经出版事业公司,1999:139-140.

② 汤春元.慈济台中分会志工人力培训之研究[D].台湾东海大学,2007.

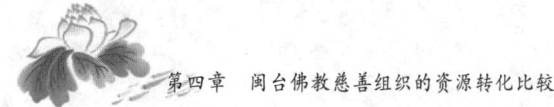

己所从事慈善公益事业的意义以及对社会的贡献。慈济认为,每一个慈济志工对外都是代表慈济,他们的技能、形象,对慈济的社会公信力与声誉都有着重要的影响。慈济实行的是阶梯式的志工培训模式,一名慈济志工要成为慈济委员,必须接受见习培训、志工培训、见习委员、培训委员等四个环节。

(1)"社区志工"培训。见习训练是任何一位慈济志工训练的开始阶段,也是成为慈济委员、慈诚的必备条件之一。为期一年的慈济见习课程包括动态和静态两个部分。前者融合在日常的慈济慈善公益活动与慈济群体性交往活动中,包括日常性的志愿服务,以及各种联谊活动;后者则是由慈济资深委员、慈诚担任讲师的课程培训,内容包括慈济四大志业、八大法印的基础性介绍,以及如何经营人生。

(2)"培训志工"培训[①]。初次参与慈济的志工,若见习达到半年以上,并且能够遵守慈济戒规,经过慈济委员的推荐,领取"培训证"就可以参加慈济志工培训,成为"培训志工"。这一阶段的志工学习时间大约为1年,课程内容分为静态、动态和慈济精神寻根三个部分。静态课程中的大纲部分基本与"见习培训"一致,但其内容的广度和深度有所提高,增加了一些对于慈济人责任与使命的认知与理解,以及对慈济各功能团体的介绍。除此之外,还增加了"培训志工"必读的书目、必学的歌曲、必会的手语等内容。动态课程包括访视、助念、机构关怀、发放、慈济医院志工、联谊、共修各一次,分会轮值或大型活动各一次。寻根精神研习会,为期三天两夜,并参访花莲志业体。

鉴于"社区志工"与"培训志工"在静态课程方面的一致性,下面就通过台中2007年的社区志工见习课程表,让大家对慈济志工培训的内容有一个较为直观的认识(表4-2)。从表4-2我们可以看出,慈济社区志工见习一年,要上五次课,其中一次是实践课,其他都是理论课程,基本是对慈济四大志业初步的介绍,让志工对慈济有一个初步的了解。此外,参与培训的志工还必须遵守慈济"十戒",要有较高的道德操守。这是慈济对新进志工养成教育的主要意涵。培训志工大多往委员或慈诚方向发展,承担起他

---

① 汤春元.慈济台中分会志工人力培训之研究[D].台湾东海大学,2007:78-80.

们所应负起的"济贫教富"的责任。

表 4-2 2007 年慈济台中分会社区志工见习课程表

节数	第一堂 4/1	第二堂 5/19	户外教学 6/10	第三堂 7/1	第四堂 9/23
1	竹筒岁月缘起	慈济医疗网	大爱电视台	教育志业新知	慈济大藏经
2	欢喜志工行	欢喜志工行	板桥志业园区	老师心菩萨心	欢喜志工行(慈善)
3	国际赈灾	骨髓缘起	苗栗志业园区	社区教育推广	人文志业新知(人文推广)
4	学佛行仪	大爱相随		生活禅	生活禅
5	大地园丁(环保)	手语		妈妈心菩萨情(懿德)	人间菩萨大招生
6	礼教之美	素食人生(养生之道)		欢喜志工行(亲子)	圆缘
7	学员分享	访视个案分享		菩提种子展新芽	爱的期许
8	爱的期许	爱的期许		爱的期许	诚心祈三愿

资料来源:汤春元.慈济台中分会志工人力培训之研究[D].台湾东海大学硕士论文,2007:115;另外,本课程表当中还有第五堂"北部参访",因为篇幅关系将其省略。

经过社区志工见习与志工培训以后,如果参与志工有心成为慈济委员,还必须经过慈济委员的授证。慈济对于委员有着严格的要求,除了上述见习培训外,出任慈济委员,必须具备下列条件①:①有正知正见,无不良嗜好;②能挤出时间从事济贫教富的工作;③能有"以佛心为己心,以师志为己志"的深切体认,恪遵证严法师训示,言行举止端庄合宜;④遵守诚证信实的工作精神,并担任见习委员和培训委员 2 年以上。在慈济,慈济

---

① 慈济基金会.柔和忍辱:慈济委员[EB/OL]. http://www.tzuchi.org.tw/index.php?option=com_content&view=article&id=233%3A2008-11-17-04-53-53&catid=86%3Atzuchi-groups&Itemid=344&lang=zh2009-02-11.

委员意味着承担一定的任务,包括:①劝募善款,发挥慈悲喜舍予乐拔苦的精神;②访查、复查低收入户;③慰问急难灾户病患。此外,慈济委员还必须参加慈济各地区分会的活动和会议。从以上担任慈济委员的条件可以看出,志工在经过见习培训与志工培训后,还必须参加见习委员与培训委员的培训才能成为慈济委员(或慈诚)。

(3)"见习委员"与"培训委员"培训①。准委员培训是慈济志工培训的一个中级阶段,它是将普通志工形塑成"委员(慈诚)"的一个关键性环节。"六度波罗蜜"、"四摄法"都是人间佛教的重要内容,也是慈济人修行的一个重要途径。因此,慈济在其培训课程中大量摄入佛教教义与佛教修行的途径。这也是实现证严法师所期许的"佛法生活化"、"菩萨人间化"的重要一环。慈济培训委员(慈诚)的课程分为一年十堂,最后还必须参加在花莲本会举办的慈济精神研讨会暨花莲寻根之旅,才能完成慈济培训委员(慈诚)的课程。课程同样分为静态、动态与慈济寻根三个部分。静态课程的内容包括慈济四大志业体、慈济精神研讨、慈济十戒、组织变革;法师开示片、专题报告,以及资深委员的分享等内容。虽然在形式上好像重复了先前的志工培训,但是,慈济委员(慈诚)培训更加注重慈济人文精神内涵的传授与吸收,佛教教义和佛学修养的养成,目的是让这些见习委员(培训委员)接受佛法,成为证严法师的在家弟子,在心灵上实现与慈济宗门沟通,成为忠实的慈济人。

慈济人在完成"培训委员"培训后,并不意味着培训的终结。实际上,由于慈济所拥有的庞大志业体,慈济志工在动态课程中可以从事的服务事项很多。他们既可以参加教育志业的服务,也可以参加医疗志工;既可以参加环保志工,也可以参加慈善慰问、居家关怀等各种慈善公益服务。而且,慈济还为志工提供了多样化的特色培训课程,充分满足不同层次志工的需要。同时,慈济还为慈济委员和慈诚开设了干部培训班,以及慈济精神研讨会、慈诚委员精进班。目的是让这些慈济骨干能够在精神上与证严

---

① 慈济一般培训课程内容是严格对外保密的。因此,笔者无法获得一手的资料。慈济委员汤春元在其学位论文中没有对"见习委员"与"培训委员"做一个区隔,因此,笔者在这里将其二者合并来分析。汤春元.慈济台中分会志工人力培训之研究[D].台湾东海大学,2007:101-102.

法师保持一致、同步。

总之,慈济的志工培训将慈济精神与慈济四大志业有机地结合起来,旨在培养能够继承慈济精神、践行慈济志业的未来慈济志工。它既注重志工技能的掌握,更注重志工对于佛教慈悲情怀的真正理解,实现慈济的"人间菩萨大招生"。有效的志工培训,帮助慈济培养了大批优秀的志工,成为慈济慈善公益事业发展有力的助推器。

3. 慈济志工的制服激励

志工激励是志工管理的一个重要环节,也是推动志工持续参与、提高绩效水平的重要保障。慈济志工管理中形象激励占据着重要的角色。一般来说,参与慈济不同的志工、委员、慈诚有着不同的服饰。这些服饰已经成为慈济人的身份象征。不同的服饰意味着不同的身份、责任,成为激发志工参与的重要动力。有学者专门研究慈济制服与慈济志工激励之间的关系。以香港分会为例,新进慈济女性志工的服装为白色上衣和蓝色长裤,经过一段时间的努力并经过培训后,才能成为"见习委员",换成灰色上衣和白色长裤;见习委员穿上灰色志工服后,还要经过一段时间的培训,并达到一定的服务时间,才能成为"培训委员",换上蓝色上衣和白色长裤(蓝色上衣没有慈济的标识);培训委员还要经历一段时间的培训,才能成为由证严法师亲自取法号授证的"授证委员",此时才能换上绣有慈济标识的蓝色上衣和白色长裤(也就是人们常说的蓝天白云),同时配有"柔和忍辱衣"之称的旗袍,以及俗称"八正道"的便服裙。① 等级鲜明的制服体系可以有效激励慈济投入到慈济的慈善事业当中。如果一个女性参加慈济志工,要想成为慈济委员,需要付出相当的精力、时间与努力,其间还必须投入足够的时间、参与足够的活动,以及募得一定的款项。如果达不到要求,慈济志工是没有资格穿这些慈济制服的。可以说慈济的制服体系是慈济志工管理当中一个有效的环节,是整个慈济志工激励的核心。它象征着志工的付出与辛劳终于得到了慈济的认可。

---

① 黄平.制服与动员:以佛教慈济基金会为研究对象[M]//徐以骅,章远,朱晓黎.宗教与美国社会:当代传教运动.北京:时事出版社,2009:335-336.

慈济的制服体系也是慈济人获得社会认可的重要标志。台湾有两个蓝绿：一是政治选举的泛蓝军与泛绿军；二是救灾的蓝绿，蓝就是身穿"蓝天白云"制服的慈济志工，绿就是"士兵"，这两个群体是台湾救灾的主力。不管在台湾何处，哪里有灾情哪里就有"蓝天白云"。慈济的制服已经深入台湾灾民的心中，成为他们盼望的依归。

4. 慈济志工培训规划与评估，以及志工使用

慈济志工培训的宏观规划一般由慈济宗教处负责。但是，具体的培训规划则由基层分会的核心培训课务团体在考量本地区志业需求的基础上提出。慈济基层分会组织根据本地区的实际情况确定年度志工管理计划，包括志工招募、培训项目、师资来源、场地安排，以及志工培训考核表的制定等。在培训完之后，慈济还对年度志工培训做出评估。包括两个方面：一是评估培训对象是否完成了预期的培训任务；二是考核本社区的培训效果，一般是依据培训合格成员数来计算。慈济志工的使用则是依据其实际需要，加上志工个人的特长、爱好加以运用，尽量做到人尽其才。

从前述的分析可以看出，闽台两地佛教慈善组织在志工管理方面还是具有一定的相似性（主要比较同心与慈济）。首先，培训的内容上具有一定的相似性。不论是慈济还是同心慈善会，它们的志工培训的内容无一例外包括两个方面：一是志工基本知识的培训与传授，二是自身志业的介绍，以及精神内核的灌输。这在慈济尤为明显。参加慈济培训的志工必须持"十戒"，聆听证严法师的"教诲"，"以佛心为己心，以师志为己志"。同心慈善会的志工培训同样注重自身组织文化的灌输，要求志工理解、领会和传播同心理念。其次，培训的实践内容方面具有类似性。慈济要求志工参与一定时数的实践服务才能结业；同心也是如此，只有累积一定时数的服务才能毕业。最后，二者的培训都有"进阶制度"，志工在接受完低一级的培训，才有资格接受更高一级的培训，并且二者都将培训本身当作一个重要的激励制度。从闽台佛教慈善组织志工的培训效果看，慈济志工的综合素质较高，具有很高的社会公信力，为慈济向社会输送高质量的社会服务奠定了人力基础，保证了组织资源转化的质量；同心慈善会志工也具备一定的专业素养，但是，综合素质还有待于提高。其资源转化质量不能与慈济相提并论。当然,大陆佛寺慈善会在志工管理方面基本空白,还有待于加强这方面的管理,以提升佛寺慈善会的服务水平。

本章小结

建构在佛教慈善思想与人间佛教基础之上的闽台佛教慈善组织使命,契合了社会的发展需要,明确了其组织资源转化的方向与目标。而组织决策系统是否完善直接决定了组织资源转化的效率高低。闽台佛教慈善组织的领导者为组织的发展做出了重要的贡献,但是,领导风格各异。从它们的决策机构来看,理事会制度并没有发挥实际作用,更多的是处于一种象征性地位。因此,从闽台三个佛教慈善组织的决策系统来看,它们虽然离世俗规范化还有一定的距离,但是,其资源转化的效率并没有因此受到影响。最后,我们发现,两地慈善会的志工管理有一定的相似性(南普陀寺除外):志工招募都是依靠人际形成的社会网络;培训都实行阶梯式的方式,有利于逐步提高志工的业务素养;都将培训与志愿服务本身作为激励方式;都是依据其志愿项目的开展来使用志工。但是,慈济志工在培训方面更偏向于佛教思想的传授。不过,慈济在志愿服务时也有专业志工的加入。同心慈善会的志工培训的社会化程度较高,佛教因素较少。同时,两岸慈善会的志工培训期待更多的社会工作专业人士加入,这样才能进一步提升佛教慈善组织服务的品质,从而顺利实现组织资源转化。

第五章 闽台佛教慈善组织的服务输出比较

在宏观的社会交换中,佛教慈善组织通过社会服务输出来换取组织发展所需的社会资源——组织合法性。由此,我们可以建构出佛教慈善组织宏观领域的社会交换模式,如图 5-1 所示。

图 5-1　佛教慈善组织与社会各子系统之间的社会交换模式

在宏观领域,佛教慈善组织与社会各子系统之间的社会交换包含两个层面:其一是佛教慈善组织提供了社会发展所需的各种"社会服务";其二是社会各个子系统(包括公众、佛教信众)赋予了佛教慈善组织发展所需要的资源——组织合法性。本章我们将首先分析与比较闽台佛教慈善组织在社会服务输送方面的异同,然后分析闽台佛教慈善组织的合法性,并在此基础上建构不同类型佛教慈善组织的社会交换模式。

第一节 闽台佛教慈善组织的社会服务比较

改革开放以来,随着我国慈善公益事业的不断发展,包括佛教慈善组织在内的民间慈善组织也成为我国社会服务供给的主体之一,其内容也从单纯的社会救济扩展到环保、教育和心灵环保等领域。当代海峡两岸佛教慈善组织社会服务的内容包括:宣化事业、宗教性事业、学术事业、济众事业、卫生事业、土木事业、社区事业和公益事业等。① 在本书中,我们将闽台佛教慈善组织的社会服务分为两种,即传统的社会服务与现代的社会服务,前者包括急难救助、济贫赈灾、医疗救助、教育救助等,目的是满足社会贫弱阶层的基本生活需要;后者一般是指为解决工业社会产生的各种社会问题而举办的各种类型的福利服务,比如为解决环境污染而举办的环保事业,为解决人的心灵健康问题而举办的各种心灵环保事业等。② 本节我们就从这两个层面来比较闽台佛教慈善组织社会服务输出的异同。

一、闽台佛教慈善组织的社会救助服务比较

社会救助是闽台佛教慈善组织慈善事业最为重要的组成部分,也是最为传统的佛教慈善事业,它从内容上可划分为济贫赈灾、急难救助、教育救助、医疗救助等。闽台佛教慈善组织的社会救助就规模而言,慈济为最大的社会救助组织,其救济的对象遍及全球;而福建地区的佛教慈善组织,其救助的规模相对较小,救济的对象也仅限于国内。

---

① 王顺民.当代台湾地区宗教类非营利组织的转型与发展[M].台北:洪业文化事业有限公司,2001.
② 王顺民.当代台湾地区宗教类非营利组织的转型与发展[M].台北:洪业文化事业有限公司,2001.

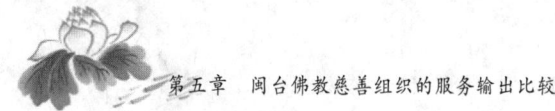

(一) 同心慈善会的社会救助服务[①]

同心慈善会的社会救助服务有急难救助、赈灾、教育救助三大类。在急难救助方面,同心慈善会一般会根据专款专用的原则,将急难救助金送到需要救助对象的手上,同时保持紧密的联系,为他们送去心灵的关怀,让那些因为突发疾病、意外事故的朋友从经济到精神都可以得到安抚。[②] 以2010年同心急难救助为例,这一年度同心慈善会急难救助个案有50多件,共发放急难救助金111031.40元。在赈灾方面,同其他大陆慈善组织一样,当重大灾害发生时,同心慈善会也会在第一时间进行灾害募捐,为灾区献上绵薄之力。以2010年玉树地震为例,同心慈善会在这次赈灾中共募得款项291825.05元。同心会长广普法师带领同心志工前往玉树赈灾,进行义诊施药,发放急难救济金123558.20元,用100000元援建灾区小学,并短期代养10名玉树灾区儿童,发放床、棉被等大批生活物资。在教育救助方面,同心慈善会自成立以来就一直开展捐资助学活动。其教育救助的形式主要有两种:一是为贫困学子提供奖助学金;二是组织志工提供家教辅导服务。同心慈善会的第一种教育救助形式比较有代表性的是"同心助学圆梦项目"。[③] 厦门市同安区是厦门市新兴的工业区,经济转型产生了众多失地农民和贫困家庭的子弟,高昂的学费成为贫困学子进入大学的障碍。为了帮助这些贫困学子实现升学的梦想,从2010年开始同心慈善会设立"同心助学圆梦项目",为当地符合条件的53名学子提供一次性5000元现金的资助,共捐赠善款40多万元。2011年同心继续实施该项目,并加大了社会宣传力度。另外,同心慈善会还在福建长汀设立联络处,专门负责当地教育救助事宜。同心的教育救助服务强调社会志工的参与性。不管是同心儿童院,还是同心图书馆,都有大量的大学生志工为这里的学生提供免费的课业辅导。总之,同心慈善会在教育救助方面做出了重

---

① 本部分有关同心2010年的社会救济资料及其数据均来自《2011年同心志业工作总结》,详见同心慈善会.2011年同心志业工作总结[J].安心月刊,2011(1):13-14.
② 同心慈善会急难救助介绍。
③ 同心义工服务中心.同心助学圆梦项目缘起:让有爱的孩子更有希望[EB/OL]. http://www.ohch.org/Service6.asp.

要的贡献。从 2007 年至今,同心慈善会共资助了四五百名贫困学子,仅 2010 年就资助 101 名贫困学生,共发放助学金 364809 元,占 2010 年同心慈善会捐赠支出总额 121 万元的 1/3①。

(二)南普陀寺慈善会的社会救助②

南普陀寺慈善会的社会救助服务有传统慈善、教育救助、医疗救助三大类。在传统慈善方面,既有紧急性救助项目,如急难救济、紧急赈灾等,也有常规性救助项目,包括对残障人士、孤寡老人的救助等。其中以赈灾救助力度最大,投入的金额也最多。③ 例如,1998 年长江特大洪灾期间,南普陀寺慈善会捐资 200 万元支援灾区,为当年佛教慈善机构之首;2010 年玉树地震发生后,南普陀寺为灾区举行了祈福消灾法会,南普陀寺和南普陀寺慈善会分别为灾区捐资 225 万元和 60 万元。在教育救助方面,南普陀寺慈善会将其分为助学和兴建校舍两种。关于捐资助学,南普陀寺慈善会主要通过两种形式来实现,其一是设立专项奖学金,比如 2009 年南普陀寺慈善会在厦门大学人文学院设立了"南普陀寺慈善会奖助学金",每年为该校人文学院 10 位品学兼优的贫困学生提供 2 万元的助学金;其二是不定期为贫困学子发放助学金。从成立至今,南普陀寺慈善会累计为贫困地区兴建希望学校近 70 所,改善了贫困地区的办学条件。其在教育救助方面的投入累计超过 1500 万元人民币,为贫困地区教育事业的发展做出了重要的贡献。在医疗救助方面,南普陀寺慈善会设有专门的"义诊院",有当地卫生局颁发的"医疗机构执业许可证",定期或不定期向养老院、孤儿院、残疾人及贫困边远地区的患者、经济确有困难的群众义诊施药。另外,

---

① 同心慈善会.2011 年同心志业工作总结[J].安心月刊,2011(1):13-14.
② 本部分有关南普陀寺慈善会的社会救助及其数据来源包括:慧然.南普陀寺慈善会 2009 年度工作总结[C].南普陀寺慈善会;慈善 2009 年刊[C].厦门:南普陀寺慈善会;2010;慧然.南普陀寺慈善会 2010 年工作总结[C].南普陀寺慈善会.慈善 2010 年刊[M].厦门:南普陀寺慈善会,2011;南普陀寺慈善会网站有关资助病残、扶贫济困、安老慰孤、义诊施药、赈灾救济、希望工程等项目的说明,具体内容详见南普陀寺慈善会网站:http://www.nanputuo.com/nptcsh/.
③ 王佳.当代福建佛教慈善组织运行模式剖析[J].世界宗教研究,2010(5).

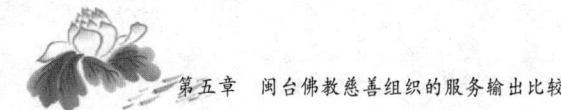

改善贫困地区的医疗水平,捐赠医疗器械,援建医疗场所也一直是南普陀寺慈善会医疗救助重点。自其成立以来,慈善会每年的义诊人数都在上万人,累计义诊人数达 20 万人。以 2009 年为例,南普陀寺慈善会义诊人数为 10390 人,义诊施药和资助医疗设施经费达 30 多万元。

(三)慈济的社会救助服务

慈济是一个跨境慈善组织,其救助对象遍及全球 70 个国家和地区。它的社会救助服务分为长期生活照顾、急难救助、居家关怀、赈灾等四大项目。

1. 长期生活照顾[①]

慈济长期照顾对象一般都是社会底层,包括贫困家庭或鳏寡、孤儿等群体。慈济人利用遍及全台湾的社区志工网络挖掘出需要照顾的贫弱群体。慈济长期照顾服务内容十分丰富,除了包括每个月固定的生活补助金外,还包括冬令补助金的发放,以及多样化的志业服务,如义剪、卫教、义诊、药师法会或表演等。从 1966 年救助花莲行动不便的 86 岁高龄的林老太太开始,至 2009 年 12 月 31 日,接受慈济长期帮助的家庭累计达到 37249 户;截至 2009 年 12 月仍有 4846 户家庭继续接受慈济的长期照顾。[②]

2. 急难救助[③]

慈济在台湾的急难救助中扮演着重要的角色。除了大型自然灾害急难救助外,慈济人更是将急难救助深入台湾社会的各个角落。在社会成员遭受各种意外事故时,慈济除了给予急难救助金外,更是投入精神抚慰工作,陪伴受害家庭度过人生低潮。从 1966 年慈济成立以来,慈济急难救助

---

① 释证严.大爱洒人间:证严法师的慈济世界[M].佛教慈济慈善事业基金会,2007:14.
② 慈济文化中心.慈济年鉴(2009)[M].台北:慈济文化出版社,2010:460.
③ 释证严.大爱洒人间:证严法师的慈济世界[M].佛教慈济慈善事业基金会,2007:14.

的个案总数共有175961件,其中2009年总共有13851件,包括医疗辅助2420件、丧生费用补助2080件、生活急难救助8881件、一般意外363件、房屋修缮补助107件。①

3. 居家关怀②

居家关怀③是慈济富有特色的社会救助之一,这种精神上的抚慰帮助很多身处逆境的人度过了人生最艰难的阶段,也陪伴那些身处绝境的人平静地度过人生的最后时光。慈济人以"慈悲温婉"的形象,以及富有东方女性的温柔体贴的人文关怀获得了台湾社会的普遍信任。慈济人会在固定的时间拜访社区的独居老人,看望癌友,慰问他们的家人,认真倾听他们的倾诉。通过耐心细致的沟通交流,这些饱受心灵与肉体煎熬的人,能够敞开心扉,诉说他们的不幸,从而减轻他们的心理负担。如果慈济的委员们,或志工的支持与陪伴也解决不了关怀对象的心理问题,慈济就会帮助他们寻找心理咨询机构的专业人员帮助。以2009年为例,慈济居家关怀个案累计为12139件,各年累计总额达到了81993件。④

4. 赈灾⑤

慈济依托自1996年建立起来的社区志工网络体系,通过日常"大型急难救助研习会"建构起快速灾害动员机制,借由日常训练所建立起来的有效分工合作体系,使得慈济人在大型灾害面前能够各安其位、各司其职,由安抚每个受灾家庭,扩展到救助整个受灾社区,进而使整个社会得到安定与祥和。在灾害发生时,慈济以人的"衣食住行"作为其分工的依据,以灾

---

① 释证严.大爱洒人间:证严法师的慈济世界[M].佛教慈济慈善事业基金会,2007:14;有关急难救助个案数加上从2007年、2008年、2009年《慈济年鉴》中相关数据。
② 释证严.大爱洒人间:证严法师的慈济世界[M].佛教慈济慈善事业基金会,2007:17。
③ 实际上慈济的居家关怀应该属于现代社会服务的范畴。
④ 慈济文化中心.慈济年鉴(2009)[M].台北:慈济文化出版社,2010:460.
⑤ 释证严.大爱洒人间:证严法师的慈济世界[M].佛教慈济慈善事业基金会,2007:14-15。

民饮食、衣物、住宿与行动需求作为其工作的出发点。在灾害的第一时间内,及时成立救灾指挥中心,在各受灾地区设立服务站,供应热食、发放应急金与物质生活包,协助灾民度过最艰难的时刻。慈济凭借高效率的赈灾而盛名远播海内外,成为台湾民间慈善组织的翘楚。下面我们就以台湾"9·21"大地震赈灾为例,详细说明慈济的赈灾模式。

学界一般将赈灾分为三个阶段:救灾阶段、安置阶段、重建阶段。[①] 遵循赈灾"三阶段"步骤,慈济在"9·21"大地震的不同阶段为地震灾区及其灾民提供了不同的社会救助服务。①急难救助阶段[②]:慈济在地震发生的第一时间行动起来,成立以花莲本会为中心的救灾服务网络,迅速展开救援活动,定点提供饮食、医疗服务,发放慰问金、民生及御寒用品;提供人道服务,安抚幸存者的情绪,为往生者提供佛教助念服务。②安顿与关怀:慈济在提供灾后紧急救助服务的同时,也提供灾害安顿与关怀服务。慈济将其形象称为"三安"服务[③],即安生、安心与安身。安生提供灾民基本的生活、生计与生存条件;安心为灾民提供心灵抚慰服务;安身就是为灾民提供慈济"大爱屋"。③复兴与重建:慈济在台湾"9·21"大地震复兴与重建中最重要的贡献是其所援建的50余所中小学"希望工程",它是慈济参与"9·21"大地震重建的典范。慈济的灾后重建还包括灾区的医疗体系与社区公益基础设施重建。

5. 慈济在大陆的社会救助[④]

作为两岸文化交流重要组成部分,慈济自1991年华东赈灾以来,一直在大陆从事常态化的社会救助服务工作,累计投入善款高达人民币20亿

---

① 林闽钢,战建华.灾害救助中的 NGO 参与及其管理:以汶川地震和台湾"9·21"大地震为例[J].中国行政管理,2010(3).

② "慈济9·21援助纪实之急难救助说明"/统计[EB/OL]. http://www2.tzuchi.org.tw/921/html/11.htm 2009-11-12.

③ "慈济 9·21 援助纪实之安顿与关怀简介"说明[EB/OL]. http://www2.tzuchi.org.tw/921/html/21.htm 2009-11-12.

④ 释证严.大爱洒人间:证严法师的慈济世界[M].佛教慈济慈善事业基金会,2007:78-100.

元,足迹遍及大陆众多省、市、自治区和直辖市。慈济的大陆社会救助主要包括医疗救助,即提供义诊,特别是为白内障患者提供免费诊疗服务;一般的社会救济,慈济一般通过冬令发放的形式,帮助大陆社会的贫弱阶层过上温饱的生活;教育救助,即为清寒学子提供助学金,以帮助他们完成学业;社会福利机构援建,即帮助大陆建设敬老院、慈幼中心、儿童福利院;慈济"大爱屋"建设,即通过建立慈济村,解决住房困难群众的居住问题,这也是赈灾活动的一部分。

二、闽台佛教慈善组织的现代社会服务比较

慈济的现代社会服务发展较为成熟,涵盖教育、医疗、环保、人文等众多领域;同心慈善会同样在癌友关怀、义工培训服务等领域做出了有益的探索与实践;南普陀寺慈善会也积极从事环保放生,以适应社会的发展需要。总的来说,在现代社会服务方面,台湾佛教界走在了大陆的前面。

(一)同心慈善会的现代社会服务

同心慈善会提供的现代社会服务包括义工培训服务、儿童福利、癌友关怀、心灵养护等项目,其中义工培训服务和心灵养护前文已经有所提及,这里不再赘述。在儿童福利方面,同心建立了厦门市首家民间儿童福利机构——同心儿童院,其费用开支均来自社会各界爱心人士的捐赠。主要代养父母无能力抚养的儿童,如丧失父母、亲友无能力抚养的孤儿;因父母服刑、受伤、受灾而暂无能力抚养的儿童。目前,同心儿童院共抚养106名5～19岁的少年儿童。① 同心慈善会在2008年汶川地震和2010年玉树地震后认养了一批来自地震灾区的儿童。此外,为了解决藏区儿童院缺乏的现状,广普法师还协助西康地区建立了慈善会、敬老院和儿童院,为促进汉藏民族之间的交流与合作做出了重要的贡献。在癌友关怀方面,同心慈善会从2005年开始与台湾新生命协会合作,通过引进师资的办法,为厦门本地癌友定期举办癌症知识讲座,于2006年成立了新生命康复中心。目前,

---

① 同心慈善会.认识同心儿童院[EB/OL]. http://www.ohch.org/Children1.asp.

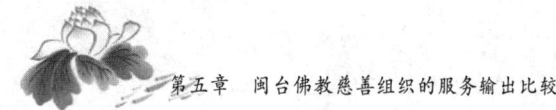

同心癌友关怀部每周都有定期的活动,为广大癌友提供包括癌症康复咨询、脊椎旋转、瑜伽疗法、音乐疗法、身心灵讲座、团体康复疗法等在内的系列服务,并且取得了良好的社会效益。①

(二)南普陀寺慈善会的现代服务

南普陀寺慈善会的现代服务较为单一,主要内容包括环保放生以及举办各种佛学夏令营活动。由于这两项活动参与的对象一般都是佛教信众或居士,因此,它们的社会影响极其有限。此外,南普陀寺慈善会还通过各种出版物来宣传佛学文化,促进佛学的交流与合作。

(三)慈济的现代社会服务

慈济的现代社会服务包含范围较为广泛:在教育方面,慈济建立了从幼稚园到大学完整的教育体系;在医疗方面,慈济建有多家综合性医院,其专业水平居于台湾地区前列;在环保方面,慈济拥有数千个社区环保收购站,每年回收了大量的垃圾,有效地保护了环境,也传播先进的环保理念;在人文方面,慈济不仅拥有专业的传媒机构,如慈济大爱台,而且,出版了大量的书籍,不遗余力地推广慈济的人文理念。

1. 慈济环保②

自1990年证严法师在一场幸福人生讲座中呼吁"以鼓掌的双手做环保"以来,慈济人对环保事业的坚持与推动,可谓不遗余力。截至2009年12月31日,慈济在全球17个国家和地区建立了5243个慈济环保站,共有环保志工80089位。③ 这些环保志工每年从事垃圾分类与资源回收工作,为环境保护做出了巨大的贡献。据统计,自1992年至2007年12月,慈济

---

① 鱼头. 癌友、抑郁病友看过来:新生命康复运动又开始了![EB/OL]. http://bbs. xmhouse.com/thread-117513-1-1.html,2006-11-15.

② 释证严. 大爱洒人间:证严法师的慈济世界[M]. 佛教慈济慈善事业基金会,2007:58;慈济基金会. 环境保护[EB/OL]. http://www.tzuchi.org.cn/index.php?option=com_content&view=article&id=251&Itemid=350.

③ 慈济文化中心. 慈济年鉴(2009)[M]. 台北:慈济文化出版社,2010:510.

环保站共回收纸张、铁、铝、铜、塑料等资源总量计11亿多千克,以及3亿个宝特瓶(即塑料瓶)①;若以平均50千克纸类可挽救一棵20年的大树来计算,从1995年至2009年12月,慈济所回收近10亿千克的纸张,等于挽救了超过1833万棵大树,换算种植范围相当于3000个足球场。②

慈济对环保的贡献还表现在传播先进的环保理念。慈济通过赈灾、济贫救助将其环保理念带到了世界各地。近年来,慈济开始推行环保"五化",即环保年轻化、生活化、知识化、家庭化、心灵化。期许通过慈济环保"五化"吸引更多的人加入到慈济的环保事业中来。慈济的环保不仅有垃圾的分类与资源的回收,还通过高科技手段,提高回收资源的利用率。比如,慈济跟台湾有关科研单位合作,促进慈济环保事业的研发,使得宝特瓶可以生产毛毯,并用来赈灾和救济灾民,充分将环保事业与其慈善救助紧密结合起来。同时,作为四川灾后重建计划的一个重要环节,慈济将在四川省什邡市京什工业园区动工兴建慈济环保科技园区,帮助四川灾区发展环保、污水处理技术及设备、节能材料、新能源等高科技产品,并且将大陆尚处于起步阶段的"垃圾产业"纳入科技园区。③ 慈济期许通过环保科技园区促进四川灾区震后环保事业的发展。慈济的环保事业受到了各方的赞誉。2005年在美国旧金山市召开的联合国世界环保日,慈济应邀作了主题演讲。慈济的环保活动和理念得到了西方社会的充分认同。

2. 慈济医疗与骨髓捐赠④

慈济在台湾建有多家综合医院,除了最早的慈济花莲医院外,慈济还在台湾的花莲玉里、台东关山、嘉义大林、台北新店及台中潭子等地区设有

---

① 释证严.大爱洒人间:证严法师的慈济世界[M].佛教慈济慈善事业基金会,2007:58.
② 慈济文化中心.慈济年鉴(2009)[M].台北:慈济文化出版社,2010:508.
③ 中国新闻网.台湾慈济环保科技园落户四川什邡 支持灾后重建[EB/OL].http://news.sohu.com/20100626/n273084450.shtml,2010-06-26.
④ 慈济基金会.医疗志业[EB/OL]. http://www.tzuchi.org.cn/index.php?option=com_content&view=article&id=237;2009-07-17-09-23-22&catid=118;2009-09-09-02-42-47&Itemid=302;释证严.大爱洒人间:证严法师的慈济世界[M].佛教慈济慈善事业基金会,2007:30-41.

分院,形成了覆盖全台的医疗网络。慈济的医疗志业,不仅开启了台湾医院不收保证金的先河,而且位于花莲的慈济医院经过多年的不断努力,医疗服务水平与能力得到不断的提升,创造了台湾东部地区十数个医疗领域的"第一"和"唯一",于 2002 年被台湾卫生部门升格为"医学中心"。[①] 同时,证严法师将慈济的人文精神融入花莲慈济医院中来,形成了富有人文特色的现代医疗护理制度,建立了庞大的慈济医疗志工队伍,提升了慈济医疗网络中医护人员的人文内涵。花莲慈济医学中心目前拥有床位近千张,是台湾 18 家"医学中心"唯一一家通过 ISO 认证的医学中心。

慈济的医疗网络不仅存在于台湾,还扩展到世界各地。慈济还透过慈济国际人医会,将医疗救助服务及时送到那些因地震、水灾等发生自然灾害的国家和地区。慈济医疗志业除了慈济医院、义诊服务外,还包括华人社会最大的骨髓捐赠库。基于"尊重生命"的理念,为了帮助全球无以计数的血液病患者争取生存权利,慈济于 1993 年成立了"慈济基金会骨髓捐赠资料中心"。目前它是亚洲最大、世界第三大的骨髓库。自建立以来,慈济骨髓库为世界各地的血液病患者带去了福音。目前,大陆是慈济骨髓捐赠库最大的受益者,占慈济非亲属骨髓移植手术案例近一半。

3. 慈济教育[②]

慈济在建立了慈善和医疗志业后,为了解决慈济医院医护人才缺乏的局面,同时也帮助台湾东部地区少女解决就业问题,慈济基金会于 1989 年成立了慈济护专,开启了慈济的教育志业。至 2007 年 7 月,慈济建立了从幼儿园到大学完整的教育体系。慈济开展教育志业的目的在于透过教育,为社会输送怀有慈济献身理想,才德双修的莘莘学子。在慈济的教育中,医学教育最富有特色,也一直备受台湾医疗界的推崇。慈济大学为了培育

---

① 释证严. 大爱洒人间:证严法师的慈济世界[M]. 佛教慈济慈善事业基金会,2007:30.

② 释证严. 大爱洒人间:证严法师的慈济世界[M]. 佛教慈济慈善事业基金会,2007:44-49;慈济基金会. 教育志业[EB/OL]. http://www.tzuchi.org.cn/index.php?option=com_content&view=article&id=239;2009-07-17-10-03-45&catid=119;2009-09-09-02-43-13&Itemid=310.

优秀的医护人才，在证严法师的推动下，开启了"无语良师"遗体捐赠的先河，让医学院学生借由大体捐赠者的大舍情怀，让自己的专业训练更加扎实，期许未来能回馈到每一位病人身上。这项创举也带动了台湾医学教育在解剖学上及医疗人文精神上的提升。

4. 慈济人文[①]

慈济的人文志业既包括旗下众多传播媒体，也包括为净化社会风气而举办的各种形式的讲座、公演等。慈济的人文志业首先就是其众多的传播媒体，包括平面媒体、广电媒体、有声无声的出版品、网际网络等。通过《慈济月刊》《慈济道侣》《静思语》《衲履足迹》《经典》等平面媒体，大爱电视台等广电媒体，以及慈济全球资讯网等网络媒体，慈济持续地向全世界传播其人文理念和组织思想。慈济的人文志业还包括慈济的心灵讲座和劝善公演。从20世纪90年代开始，慈济就开始在台湾开设了心灵讲座。除了1990年在台湾"行政院"新闻局和劳委会的协助下，在全台各地举办百场"幸福人生"讲座外，慈济从1991年开始提出以"净化人心，净化家园，净化社会"为推广目标的"预约人间净土"专案。这两个活动在台湾社会产生了极大的反响。慈济不仅宣扬了其组织宗旨与理念，也引来了一个大发展的时期。除心灵讲座外，慈济还进行一系列劝善的公演。其中影响较大的就是《亲恩浩连天》的手语剧。2010年10月16日该剧由厦门市慈善总会、厦门市老年基金会与慈济基金会共同主办，在厦门市国际会议中心海峡厅公演6场，有数千名公众观看了演出。演出得到了厦门市各界群众和厦门市委宣传部高度赞扬。不仅参加演出的百余名来自厦门大学、厦门理工学院和集美大学的志愿者得到了一次"孝"的教育，数千名观众也得到了一次心灵震撼的体验。[②]

从以上闽台佛教慈善组织现代社会服务的分析中我们可以看出，慈济

---

① 释证严.大爱洒人间：证严法师的慈济世界[M].佛教慈济慈善事业基金会，2007：55-57；慈济基金会.人文志业[EB/OL]. http://www.tzuchi.org.cn/index.php?option=com_content&view=article&id=248&Itemid=304.

② 钟志慧.孝老爱亲情感厦门 《亲恩浩连天》今日拉开序幕[EB/OL]. http://house.focus.cn/news/2010-10-16/1073157.html，2010-10-16.

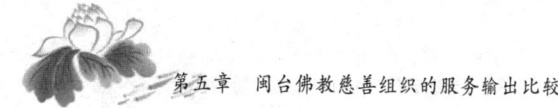

的现代社会服务体系十分完善,涵盖了教育、医疗、人文、环保、心灵关怀等各个方面,可以说是现代佛教慈善组织这方面的集大成者;而同心慈善会虽然组织规模较小,但是,其现代社会服务方面并不逊色于其他组织,所提供的义工培训服务、癌友关怀和心灵关怀是当下很多大陆慈善组织所缺乏的;相对来说,南普陀寺慈善会在这方面还有待加强和提升。其实南普陀寺慈善会可以充分利用其母体组织,南普陀寺在佛法以及佛学造诣方面的优势,为社会公众提供各种形式的心灵滋养服务。

第二节 闽台佛教慈善组织宏观领域的社会交换模式比较

佛教慈善组织发展所需要的无形资源是组织合法性,它源自合法性赋予主体的认可、支持、承认,佛教慈善组织主要通过宏观领域的社会交换获得。由于组织身份的不同,导致闽台两地佛教慈善在组织合法性的基础与赋予主体方面存在差异。

一、佛教慈善组织的"需求"

在现代社会中,组织合法性是一种非常重要的基础性资源,它使组织具有连续性与可信性,增强其稳定性与可理解性,从而在此基础上进一步获得其他资源。[①] 因此,组织合法性也是闽台佛教慈善组织所需要的一种资源。在社会交换中,行动主体必须满足对方的需求才能换取自身发展所需要的各种资源。在宏观领域,佛教慈善组织必须提供社会所需要的各种"社会服务",才能获得组织合法性。

---

① 黄海波.当代城市家庭教会:体制外的信仰表达——组织合法性理论视角的考察[EB/OL]. http://www.pacilution.com/ShowArticle.asp? ArticleID=2727.

组织合法性是组织社会学当中一个非常重要的概念,它的内涵非常丰富,不同的学派和不同的学者形成了各自不同的观点。一些学者按照研究对象的不同将组织合法性划分为内部合法性和外部合法性,前者是指组织权威机构及领导团体获得组织内部成员的承认、支持和服从;后者是指组织权威机构及其领导团体获得与组织相联系的社会公众、利益相关者的承认、支持和服从。① 新制度主义学派的代表人物之一舒曼则将组织合法性定义为"一个实体的行动在社会建构起来的规范、价值、信仰以及解释系统中应当是合乎要求的,恰当的,或者适当的"。② 学者在研究非营利组织的发展问题时,也各自提出对组织合法性的理解。学者康晓光认为,对于中国社团来说,其合法性包括两个同时具备的要件:一是获得政府的认可与信任,包括符合现行的法律并服从相关行政机关的管理;另一个是获得社会的承认与信任,不但是成员的认可,更重要的是社会公众的内心接受和支持。③ 学者高丙中则借鉴韦伯的合法统治三类型的理论,将合法性划分为社会(文化)合法性、法律合法性、政治合法性和行政合法性四种,指出合法性就是表明某一事物被承认、被认可、被接受的基础,至于基础是什么(如某种习惯、某条法律、某种主张、某一权威),则要看实际情景而定。④ 从以上分析我们可以看出,组织合法性就意味着组织(包括组织制度、结构、行为方式,特别是组织的运作模式)获得了其他社会主体的承认、支持、信任与认可。

组织合法性一般涉及三个要素:寻找合法性的行动者、赋予合法性的行动者、合法性的标准(或基础)。⑤ 凡是与闽台佛教慈善组织利益密切相关的社会公众、佛教信众都是其组织合法性的赋予者。闽台佛教慈善组织

---

① Singh J V, Tucker D J, House R J. Organizational legitimacy and the liability of newness[J]. Administrative Science Quarterly, 1986, 31(2):171-193.

② Suchman, Mark, C. Managing Legitimacy: Strategic and Institutional Approaches [J]. Academy of Management Review. 1995, 20(3):571-610.

③ 康晓光.创造希望:中国青少年发展基金会研究[M].桂林:漓江出版社、广西师范大学出版社,1997.

④ 高丙中.社会团体的合法性问题[J].中国社会科学,2000(2).

⑤ 黄海波.当代城市家庭教会:体制外的信仰表达——组织合法性理论视角的考察[EB/OL]. http://www.pacilution.com/ShowArticle.asp?ArticleID=2727.

获得组织合法性的基础,就是提供社会发展所需的公共产品。[①] 如果这些组织所提供的社会服务契合了社会的需求,那么,这些组织就会获得社会的认可与支持,从而取得合法性。从闽台两地不同历史时期社会需求的变迁来看,[②]闽台两地佛教慈善组织的社会服务输出契合了社会发展需求,因而获得了社会公众、佛教信众认可、支持、信任与承认。

二、宏观领域闽台佛教慈善组织社会交换的"报酬"比较

闽台两地的佛教慈善组织在宏观领域的"报酬"就是组织合法性。闽台佛教慈善组织由于组织身份的不同,导致它们组织合法性的结构有着明显的差异。闽台佛教慈善组织的组织合法性就是社会公众和佛教信众对其组织的承认、信任、认可与支持。不过这两个群体赋予佛教慈善组织合

[①] 学者高丙中专门论述了社会团体合法性的基础,他指出社会合法性是以地方传统、当地的共同利益和有共识的规则或道理为基础,由于符合文化传统、社会习惯等组成的民间规范而具有合法性;行政合法性是以行政部门(国家机关或具有一定行政功能的单位)及其代理人确立的规章、程序为基础,社会团体由于遵守这些规章、程序而具有合法性;政治合法性是以某种政治规范为基础,社团团体的行为、活动符合这些规范,获得了政治系统的承认而具备合法性;法律合法性以社会法律法规为基础,社会团体遵守了这些法律法规而获得了合法性。详见高丙中.社会团体的合法性问题[J].中国社会科学,2000(2). 而本书之所以将佛教慈善组织的社会服务是否符合社会需要作为其获得合法性的基础,是基于以下几个原因:一是对于佛教信众来说,哪个佛寺能给他们累积越多的功德,他们就会越认可和支持这个佛寺。因此,具有浓厚佛教背景的佛寺慈善组织所提供的社会服务越符合社会需要,就越能帮助他们累积功德,从而就越能获得佛教信众的认可与支持。二是对于普通社会公众来说,佛教慈善组织提供社会服务是否满足社会需要是他们决定是否捐款捐物与表达认可、支持的重要依据。当然,佛教慈善组织提高财务透明度、完善组织治理也是社会各系统赋予它们合法性的重要依据。但是,根本的原因还在于社会需求不仅是佛教慈善组织产生与发展的动力机制,而且,它们能够根据社会需求的变化进行组织调适,从而保持组织的合法性。

[②] 有关台湾社会需求的变迁详见第二章的相关内容。慈济的四大志业,即慈善、医疗、教育、人文契合了不同时期台湾社会的需要,特别是慈济的医疗志业充分满足了台湾东部地区社会弱势群体对医疗资源的需求,获得了极高的社会认可度;南普陀寺慈善会与同心慈善会的社会救助服务虽然内容单一,但是,还是满足了社会贫弱群体的相关需求;同心的现代社会服务,比如义工培训服务、癌友关怀服务更是当代大陆所缺乏的。从以上的分析我们可以看出,闽台两地佛教慈善组织的社会服务充分满足了社会发展的需要。

法性的动因不同,前者是基于"累积功德"考量,后者是基于社会需求考量。

(一)佛教信众与闽台佛教慈善组织的组织合法性

在非营利组织当中,宗教类是非常特殊的一个组别。一般来说,由于宗教信仰具有神圣性、超脱性的特点,宗教信徒对宗教组织忠诚度都比较高,即他们对组织的认可与支持程度也比较高。因此,建构在宗教背景之上的宗教慈善组织与其他组织相比,其资源动员能力往往比较强。在非营利组织非常发达的美国,宗教类慈善组织占据了大部分慈善资源。我国台湾地区也是如此。与其他世俗类慈善组织相比,宗教慈善组织的社会合法性有着先天较好的社会基础。不过这并不代表所有的宗教慈善组织都具备较好的社会合法性。这得从宗教市场理论谈起。[①] 根据学者斯达克的观点,当代社会宗教的变化主要取决于宗教产品(各种宗教活动,包括宗教慈善公益事业)的供给者(各种宗教教职人员,如比丘尼、和尚),而不是宗教产品的消费者(宗教信徒,如佛教居士)。在一个宗教信仰充分自由的国家或地区里,必然带来宗教的多元竞争。一个宗教的生存与发展完全依靠宗教自身能否适应社会发展的趋势。这是一种典型的供给创造需求的观点。宗教市场理论完全可以用来解释海峡两岸宗教发展的形势,尤其是佛教的发展现状。

自太虚法师提出人间佛教以来,海峡两岸在人间佛教的指引下,对传统佛教进行了较大的改革,使得佛教以一个全新的面貌展现在世人面前,充分适应了当代社会发展的需求。在台湾,佛教的教育、弘法、素食业十分发达,国际化、社会化程度非常高,根据《台湾地区社会变迁基本调查》,在台湾地区20岁以上人口中,自我认定为佛教徒的人数最多,占了47%;[②] 在大陆,佛教一直是五大宗教中社会影响最广泛,皈依信徒最多的宗教,其

---

① 陈彬. 宗教也有市场?——罗德尼·斯达克的宗教市场理论述评[J]. 大庆师范学院学报,2009(5);魏德东. 宗教市场论:全新的理论范式[EB/OL]. http://www.fjdh.com/wumin/HTML/139230.html.

② 台湾地区社会变迁基本调查网站:http://www.ios.sinica.edu.tw/sc1/person.pl,2004.

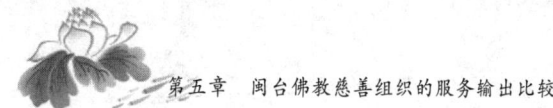

信仰人口达 1.85 亿,有 1730 万人正式皈依。① 由此可见,海峡两岸佛教信仰具有广泛的社会影响力,在宗教市场的竞争中处于优势地位。根据宗教市场理论,宗教必须为信徒提供各种形式的宗教产品以吸引信徒的参与,其中慈善事业是最为重要的宗教产品之一。不论哪一种宗教,都具有丰富的慈善思想,也都将从事慈善事业看作是信徒应尽的义务之一,因此,宗教信徒对于宗教慈善的捐赠都具有比较高的热情和认可度。这就构成了宗教慈善社会合法性的基础。建构在佛寺或佛教宗门基础之上的佛教慈善事业也是如此。② 佛教信仰当中一个很重要的概念就是从事各种佛事活动可以累积"功德"。慈善公益事业是佛教信众累积功德的一个非常重要的途径。但是,闽台两地佛教慈善组织在慈善事业基础之上所建构的社会合法性的基础却存在显著的差异。这种差异集中体现在佛寺慈善会与慈济之间。

　　佛寺慈善会一般都是依附于佛教寺院。佛教寺院可以分为山林佛教寺院与都市佛教寺院。一般来说,都市佛教寺院坐落于繁华的都市,也都是当地的旅游景点,其游客数量和寺院经济一般比较发达。因此,建构在寺院经济基础之上的佛教慈善组织的经济实力都比较雄厚。除此之外,那些在全国佛教寺院中影响比较大,以及全国重点寺院都受到了佛教信众的拥戴,往往是香火旺盛。也就是说,在佛教内部市场的竞争中,都市佛教寺院处于优势地位,那些既是著名旅游景区又是全国重点的佛教寺院尤为突出,是佛教内部市场金字塔的顶端。南普陀寺就是这样一个都市佛教寺院。作为我国最早开办佛学院的佛寺之一,南普陀寺在近代中国佛教教育方面影响甚大,人间佛教倡导者太虚法师就是其主教者之一,南普陀寺成为人间佛教思想的重要传播基地。同时,南普陀寺也是福建闽南地区首屈一指的都市佛教寺院,许多党和国家领导人经常拜访。这些因素使得南普陀寺在佛教界具有很大的社会影响力。因此,一直以来南普陀寺受到佛教信众的高度支持与认可。所以,在佛教信众中,依附于南普陀寺的南普陀

---

① 调查表明中国 18% 的人自认信佛　正式皈依信徒也最多[EB/OL]. http://www.fjnet.com/jjdt/jjdtnr/201008/t20100829_167235.htm.

② 之所以有如此论述,是因为本书对于佛教慈善组织身份的分类,慈济不依附于任何佛寺,但它依附于慈济宗门。

寺慈善会就具有比较良好的社会合法性基础。当然,先天的社会合法性基础并不能够保证一直都拥有较高的社会合法性。佛寺慈善会也必须努力提供社会发展所需的服务,提高财务透明度,这样才能保持和提升社会合法性。

慈济在证严法师的领导下,自设宗门、鹤立鸡群,成为华人社会当中比较特殊的一个佛教团体。慈济宗门的出家弟子不受佛教信众的供养,慈济宗门佛教活动场所也不是一般的寺院,而是静思精舍。这些都与传统的佛教有着巨大的差别。佛教信众到佛寺一般都是烧香拜佛,奉上供品,以祈求家人平安或者升官发财。佛教信众通过这种祈求方式,捐赠款物给佛寺从事慈善事业,期望通过这种方式累积功德。而慈济既不供奉,也不受供养,因此,其先天的社会合法性不足。证严法师早期的修行方式就曾备受台湾佛教界的质疑,认为她颠覆了佛教传统。证严法师成立慈济功德会以后,并不是等着信徒上门捐赠,而是发动慈济委员进行募捐。当然,募款的基础同样是基于佛教信仰中的"功德观"。而慈济发展壮大的内因并不是慈济依附于有名的佛寺,而是社会服务输出充分满足了社会的发展需要,以及别具一格的佛教修行方式吸引众多佛教信众参与其宗门,并成为其皈依弟子。因为慈济所有的募款都是用来从事慈善公益事业,其行政成本为零,所以佛教信众相信自己所捐款物的使用效率可以达到最高,从而为其累积了最大的"功德"。这是慈济在台湾佛教信众中发展壮大的重要社会心理基础,也是慈济获得佛教信众高度认可、信任的内在因素。由此,慈济在台湾佛教内部市场的竞争中占据了一席之地,成为台湾佛教四大道场之一。可见,借由高效率的使用善款,慈济在台湾佛教信众中取得了较高的社会合法性。这就是慈济与一般佛寺慈善会在社会合法性的重要区别所在。

(一)社会公众与闽台佛教慈善组织的组织合法性

社会公众是闽台佛教慈善组织主要的捐赠来源之一。因此,赢得他们对组织的认可、信任与支持是慈善组织组织合法性的重要方面。而社会公众对慈善组织的信任、支持、认可源自两个方面:其一是慈善组织自身的服务输送;其二是慈善组织的财务透明度,以及组织形象等。比如,中国青少年基金会的"希望工程"就是其服务输送的金牌项目,为青基会赢得了广泛的社会支持与信任,奠定了青基会社会合法性的基础。而那些拥有较高透明度的慈善组织,比如李连杰的壹基金和香港乐施会,它们的组织合法性也较高,具有良好的社会公众基础。

慈济与同心慈善会同样如此。慈济是一个世俗性与宗教性兼具的佛教慈善组织,因此,一般非佛教信众也是其捐赠的主要来源之一。在慈济近50年的社会发展历程中,其慈善公益服务输送在台湾、大陆乃至全球都留下了浓重的一笔,堪称华章。慈济的社会合法性更是无与伦比。在台湾,只要看到穿着制服的慈济志工,台湾普通的民众对于他们就有着很高的期望,视他们为道德的楷模。在台湾地区,高达八成的民间个人捐赠都捐给慈济,而且其善款九成左右是小额捐款。① 同时,根据一份2009年发布的研究报告,在台湾当年435亿新台币(近100亿元人民币)的民间捐款中,有近200亿新台币捐给了慈济基金会。② 可见,在台湾地区慈济所具有的社会合法性是任何一个组织都无可匹敌的。

同心慈善会的社会服务在一定程度上也满足了社会的发展需要,特别是同心儿童院在厦门有着较高的知名度。每个月的同心儿童院开放日,参观团一般都是十几批,参观人数有二三百人之多。他们大多肯定同心儿童院的办院模式,以及同心对儿童福利事业的贡献。同时,同心较高的财务透明度也是社会公众信任同心的一个重要原因。短短的十年间,同心的募款总额增长了近50倍,其财务规模有追赶南普陀寺慈善会之势。除了社会公众之外,其他社会组织对佛教慈善组织的信任与支持一般源于此。同心慈善会在厦门地区获得了厦门市企业界、政府机关事业单位的广泛支持,与同心开展了各种形式的合作,包括共建、义卖晚会等。同心慈善会也与厦门市多个社区实行了共建,建立了同心社区服务网点。这些都是同心慈善会组织合法性的重要表现。

---

① 底冬娜.台湾慈济获消除贫困奖 曾拒绝2亿美元捐款[EB/OL]. http://news.qq.com/a/20101018/000093.htm,2010-10-18.

② 朱武祥、魏炜.为何台湾一半的善款都捐给了慈济[EB/OL]. http://www.mycfz.com/zhuanlantekan/shangyemoshi/2011-01-20/1229.html.

三、宏观领域佛教慈善组织社会交换的过程

宏观领域佛教慈善组织的社会交换过程包括社会吸引、竞争、分化,以及模仿和学习①四个阶段。下面我们就来——分析。

1. 佛教慈善组织的社会吸引

佛教慈善组织的"社会吸引"就是其所提供的社会服务,它包含两个层次:一是佛教慈善组织已经形成的各种志业,也就是佛教慈善组织过去所提供的社会服务;二是志业愿景,就是慈善组织所承诺的,在未来提供的社会服务。对于第一个层次的社会服务,慈善组织可以通过宣传等手段,让社会公众知晓组织所从事志业的社会价值与意义,如果组织所提供的社会服务符合社会需求,组织就会获得社会的认可与支持,从而提高组织的吸引力。对于第二个层次而言,是一种愿景塑造。非常多的慈善组织通过成功的愿景塑像,获得社会公众的认可与支持。比如"母亲水窖"、"中国红行动"。在这个层次,慈善组织必须向公众充分展示组织未来志业的发展前景,以及社会价值。而闽台佛教慈善组织最为成功的愿景塑造就是慈济花莲医院的建立。

2. 竞争

根据布劳的社会理论,在社会交换的竞争中,那些拥有优势资源的行动者必然在社会交换中处于优势地位,获得的资源也比其他行动者来得丰富。同样慈善组织之间的竞争也主要表现在对慈善资源的获取上。一个组织输出的社会服务越是契合社会需求,那么,它就越有可能在竞争中获胜。

---

① 布劳认为宏观领域的社会交换过程与微观领域一样,经历了社会吸引、竞争、分化、整合(冲突)四个阶段。但是,在本书的分析情境下,在宏观领域,社会交换促进了组织间的竞争与分化,那些拥有较高合法性的组织,其运作模式往往被视为行业的标杆,受到社会各系统的广泛认可与模仿,从而塑造某一领域内的制度环境,其他组织为了保持组织合法性,就会模仿和学习这些组织的运作模式,从而造就了组织制度的趋同性。

3. 分化

慈善组织之间的竞争必然带来它们的分化，一些组织成为业内的翘楚，一些组织则被边缘化，面临着生存危机。当年基督宗教传入东方时，本土宗教十分凋零。宗教慈善基本是西方宗教慈善的天下，本土宗教慈善处于边缘化的地位。后来，本土宗教适应了社会发展需求，重新崛起。佛教在台湾就是经历了这样的一个过程。台湾的佛教慈善也从当年边缘地位逐步发展成为社会的主流。在大陆佛教界内部，不同慈善组织之间的分化也较为明显，都市佛教慈善组织地位明显高于山林佛寺。

4. 模仿与学习

宏观领域社会交换的结果，就是那些拥有较高组织合法性的组织成为业界的领袖，掌握了领域内的话语权。在台湾，原先拥有较高组织合法性的慈善组织基本上属于西方基督宗教，后来随着本土宗教慈善的兴起，本土宗教慈善逐步获得了较高的组织合法性。在台湾，慈济被业内认为是民间慈善组织的代表，形成了一种众多组织效仿和学习成功组织的局面。当然，慈善组织间的竞争也会带来冲突。慈济在台湾吸收了大部分民间慈善资源，成为业界托拉斯，压缩了其他组织的生存空间，这就引起了其他组织的不满。

从以上的分析我们可以看出，闽台两地佛教慈善组织的合法性存在结构性的差异。慈济是一个世俗性与宗教性兼具的组织，赋予其社会合法性的主体既有佛教信众，也有普通社会公众；同心慈善会社会合法性基础基本上是社会公众；南普陀寺慈善会则基本是佛教信众。而且，它们都获得了各自政治系统的认可与支持，且慈济在大陆也拥有很高的政治合法性，被赋予了两岸交流的使命。

本章小结

本书分析与比较了在宏观领域，闽台佛教慈善组织的社会交换模式。首先，闽台佛教慈善给予社会的"报酬"就是其服务输出。在社会服务输送方面，慈济不论是在社会救助领域还是在现代社会服务方面，都走在了大陆佛教慈善组织的前面。可以说，大陆很多世俗性的慈善组织也不能与慈济相提并论。同心慈善会在社会救助方面规模较小，但是，其现代社会服务具有自身的特色，形成了独特的服务模式。而南普陀寺慈善会基本上以传统的社会救助服务为主，很少涉足现代社会服务，因此，其组织类型基本处于传统佛教慈善阶段。总的来说，在社会服务输出方面，慈济是海峡两岸的首善团体，也是海峡两岸文化交流的重要载体，为大陆慈善事业的发展做出了重要的贡献。同心慈善会的社会合法性基本上来源于社会公众的信任与支持；政治合法性来自官方的认可。慈济的社会合法性既有佛教信众的支持与认可，也有社会公众对其高度的信任。佛教慈善组织宏观领域的社会交换促进了佛教慈善组织的竞争与分化，使得佛教慈善组织不得不根据制度环境的变迁进行自我调适。这是我们下一章重点阐释的内容。

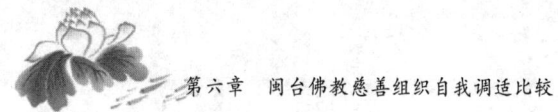

第六章

闽台佛教慈善组织自我调适比较

当慈善组织将其宏观领域中社会交换的"报酬"——组织合法性高低,以及社会需求纳入组织决策考量范畴的时候,组织的自我调适就开始了。本书认为,佛教慈善组织的自我调适是内外因素共同作用的结果。组织的自我调适涉及组织制度、组织目标和组织结构各个方面,本书主要从闽台佛教慈善组织的制度变迁与传媒建构两个方面来比较其自我调适的异同。

第一节 闽台佛教慈善组织自我调适的动力机制

机制是系统运行的机制和规则的简称,它常被用来描述系统运行的动因,组成要素相互作用的过程与方式,以及系统及其组成要素运行的规律与法则。[1] 佛教慈善组织自我调适的动力机制就是促进佛教慈善组织自身发展的要素相互作用的过程,其依赖内外驱动力的共同作用。其中社会

---

[1] 颜醒华,俞舒君.旅游企业产业集群的形成发展机制与管理对策[J].北京第二外国语学院学报,2006(1).

交换所产生的"合法性机制"、社会需求的变迁是佛教慈善组织自我调适的外部驱动力;组织领导者个人的学习创新意识、世界圆像、宗教情怀是佛教慈善组织自我调适的内部驱动力。

一、闽台佛教慈善组织自我调适的外部驱动力

任何组织都是在一定的社会制度环境下生存与发展的,外部环境的变迁必然要求组织进行自我变革以适应社会发展的需要。在本书中,社会交换所产生的"合法性机制"是佛教慈善组织所面临的制度环境。而社会需求的变迁要求佛教慈善组织必须回应社会的要求。这些外部因素共同构成了佛教慈善组织进行自我调适的外部驱动力。

(一)"合法性机制"[①]

组织社会学的新制度学派关注外界环境对组织的影响。制度学派试图解释的一个中心问题是:在现代社会中为什么各种组织越来越相似?为了解释这种制度趋同性特点,以迈耶(Meryer)和罗恩(Rowen)为代表的学者提出了"合法性机制"理论。他们认为如果我们要关注环境的话,不能只考虑组织所处的技术环境,还必须考虑组织所处的制度环境,即一个组织所处的法律制度、文化期待、社会规范、观念制度等为人们广为接受的社会事实。[②] 而"合法性机制"就是那些诱使或迫使组织采取具有合法性[③]的组织结构和行为的观念力量。它的基本思想是:社会的法律制度、文化期待、观念制度成为人们广为接受的社会事实,具有强大的约束力量,规范着人们的各种行为。[④] 迪玛奇奥(Dimaggio)和鲍威尔(Powell)提出了三种具体的合法性机制导致组织间制度的趋同性。一是强制性机制,组织必须遵守

---

① 周雪光.组织社会学十讲[M].北京:社会科学文献出版社,2003:71-88;孙晶.西方组织合法性理论评析[J].东南大学学报,2009(11).

② 周雪光.组织社会学十讲[M].北京:社会科学文献出版社,2003:74.

③ 合法性就意味着组织(包括组织制度、结构、行为方式,特别是组织的运作模式)获得了其他社会主体的承认、支持、信任与认可。

④ 周雪光.组织社会学十讲[M].北京:社会科学文献出版社,2003:75.

政府颁布的法律法规,不然会受到处罚;二是模仿性机制,组织会模仿各个领域中成功组织的做法和行为;三是社会规范机制,共享观念和思维模式潜移默化地影响组织的行为。[①]

组织的社会交换同样会产生这种"合法性机制"。根据布劳的社会交换理论,在微观领域,社会交换导致那些拥有优势资源的交换者在社会交换体系中占据优势地位,可以用最小的成本换取最高的报酬——服从,亦即领导者通过给予被领导者一定的报酬(比如工资、晋升等待遇)换取他们对领导者的服从。而在宏观领域,社会交换促进了组织间的竞争与分化,那些拥有较高合法性的组织,其运作模式往往被视为行业的标杆,受到社会各系统的广泛认可与模仿,从而塑造某一领域内的制度环境,其他组织为了保持组织合法性,就会模仿和学习这些组织的运作模式。

慈善领域也是如此。台湾拥有数量众多的民间慈善公益组织。在长期竞争中,以慈济、佛光山为代表的民间慈善公益组织脱颖而出,占据了民间慈善领域里大部分资源。其中尤以慈济为甚,被认为是台湾民间组织的典范,拥有非常高的组织合法性,其组织运作模式备受社会各界的推崇与认可,这就塑造了台湾地区慈善领域的制度环境。其他公益组织为了保持组织合法性,不得不模仿和学习慈济的运作模式。

慈善组织社会交换所产生的"合法性机制"促使各个慈善团体模仿和学习行业领域内的标杆组织,这是慈善组织自我调适的最大外部驱动力。慈善组织自我调适的结果就是出现了领域内组织制度、组织形式、组织行为的趋同性现象。这就是学者迪玛奇奥和鲍威尔所讲的组织趋同性机制中的"模仿性机制"。而这种模仿机制产生的一个重要条件就是组织所面对环境的不确定性;当组织还处于发展初期,不知道怎样做才是最佳方案时,通过模仿那些已经成功组织的做法,就可以减少这种不确定性。从理性观点来看,这种做法使得组织以少量的成本,就可以找到解决问题的策略。模仿的趋同机制有两种:一种是竞争性模仿,另一种是制度性模仿。

---

① P. J. Dimaggio, and W. W. Powell. The Iron Cage Revisited : Institutional Isomorphism and Collective Rationality [J]. American Sociological Review, 1983, (42): 726-743.

前者是指一个领域中的组织模仿自己的竞争对手,是在竞争压力下产生的模仿;后者是一种合法化机制。① 显然,不同组织模仿的驱动力是不一样的。那些处于发展初期的慈善组织,它们的模仿就是一种制度性的模仿。比如,同心慈善会的会员制就是从南普陀寺慈善会借鉴而来的。这是因为南普陀寺慈善会是大陆第一个佛教慈善机构,它的运作模式在业内产生了一定的影响,模仿它可以使组织尽快走上正轨。当组织处于成熟期时,来自竞争对手成功的运作模式就会被组织所模仿,这就是竞争性的模仿。比如,慈济的传媒网络建构就是在学习和模仿佛光山的基础上建立起来的。

除此之外,政府法律法规的强制性规定也是佛教慈善组织自我调适的重要外部驱动力。比如,闽台两地佛教慈善组织都根据各自行政当局颁布的法律建立了董事会(理事会),但是,这些董事会(理事会)并没有发挥应有的功能。佛教慈善组织建立董事会的目的仅仅是遵守法律的相关规定而已。

(二)社会需求的变迁

社会需求是佛教慈善组织自我调适的重要外部驱动力。它首先是闽台佛教慈善组织产生与发展的外部动力。学者邓国胜就认为社会需求导致了1995年以后自下而上的民间组织大量的兴起与发展②;学者王名等人也指出,在计划经济体制下,中国自上而下的NGO是政府选择的结果,而在市场经济体制下,中国非政府组织发展的主要内在动力在于满足社会多元化的需求③。福建地区的佛教慈善组织也是这种社会需求背景下的产物。在台湾,社会贫弱阶层的各种需求也是推动慈济诞生的一个重要诱因。

其次,社会需求的变迁驱动着佛教慈善组织完善自身的社会服务内容与体系。慈济的慈善、医疗、教育、人文四大志业的发展都是不同时期台湾

---

① 周雪光.组织社会学十讲[M].北京:社会科学文献出版社,2003:88.
② 邓国胜.1995年以来中国NGO的变化与发展趋势[M]//范丽珠.全球化下的社会变迁与非政府组织(NGO).上海:上海人民出版社,2003:289-290.
③ 王名,等.中国社团改革:从政府选择到社会选择[M].北京:社会科学文献出版社,2001.

社会需求的产物。以慈济医疗志业为例,20世纪60年代,台湾东部地区医疗资源极度匮乏,而台湾医院的保证金制度将众多的社会贫弱群体挡在医院的大门之外。因此,台湾地区,特别是花莲地区社会贫弱群体对医疗资源有着巨大的需求。慈济的医疗志业就是在这种需求下产生的。同心慈善会的儿童福利、癌友关怀、心灵环保也是社会需求变迁下组织自我调适的结果。以同心的癌友关怀为例,大陆对于癌症患者的治疗仅限于医疗领域。而在国际上,癌症治疗已经成为一个涵盖心理学、社会学等多学科的综合治疗模式。社会对这方面的需求巨大,而大陆几乎还没有组织提供这方面的服务,同心癌友关怀服务正好满足了这种社会需求。

二、闽台佛教慈善组织自我调适的内在驱动力

组织只有自觉进行自我调适才能使得组织适应社会形势的发展变化。而这种自觉性主要源自佛教慈善组织的领导者所具有的学习与创新意识、世界圆像和宗教情怀。学习与创新意识是福建地区佛教慈善组织自我调适的内在驱动力;而宗教情怀和世界圆像则是台湾地区佛教慈善组织自我调适的内在驱动力。此外,组织在不同阶段的发展需要也是组织自我调适的重要内在驱动力。

(一)学习与创新意识

学习与创新意识是非营利组织领导人所具有的优秀品质之一。具备这种品质的领导人,能够充分根据社会需求的变化,用新的方式来满足社会的需求。福建地区佛教慈善组织的创始人就是具备这种优秀品质的领导者。他们能够敏锐地观察到社会需求的变迁,在学习和模仿国内外其他慈善组织成功运作模式的基础上,结合自身组织的特点,创造性地设立新的组织,或者对组织自身的结构、制度进行变革。南普陀寺慈善会的创始人妙湛法师在组织成立以后,通过学习和借鉴其他组织的运作经验,先后建立了南普陀寺慈善会法物流通处、义诊院和素菜馆等部门,并且完善组织的架构,设立了专门负责慈善事务的慈善处,提高南普陀寺慈善会的专业能力。广普法师的学习与创新意识推动了同心义工服务中心、同心儿童

院、癌友关怀部等同心附属机构的诞生。

(二)证严法师的"世界圆像"[①]与宗教情怀

与福建地区佛教慈善组织自我调适的内在驱动力不同,慈济组织自我调适的内在驱动力更多的不是证严法师的学习与创新意识,而是她个人的"世界圆像"与宗教情怀。慈济的四大志业就是证严法师个人"世界圆像"的产物,它是推动慈济不断根据社会需求进行自我调适最大的内在驱动力。

证严法师认为众苦之中,病苦最苦,而贫病同源,相互为因,因此,四大志业的救助对象就是贫病与急难救助者,这其中的慈善志业就是救助贫难为先,而济助贫难本身就是布施行的落实;医疗志业则是在于解决众生病苦,它也是一种布施行,又为佛教第一大功德的看病福田,且符合佛教尊重生命的观念;教育志业一则是因为证严法师认为民众远渡重洋去求学,显示台湾教育状况仍有待提升,然而更为重要的是教育志业可以培植慈济所需要的专业人才,以作为将来志业的接班人和实践者;文化志业则是除了用来作为对大众进行各项志业和活动的宣传及沟通工具外,同时,文化志业也可以作为弘扬慈济的精神、理念和佛法,以作为传播资讯和宣传的管道与利器,进而进一步企求净化人心。[②]

从以上证严法师个人的"世界圆像"我们可以清晰地知晓为何证严法师会将慈善、医疗、教育、人文作为慈济的四大志业。正是在证严法师个人

---

① 所谓世界圆像是指对实体、秩序以及终极关怀的看法,它是一套解释生命意义的逻辑结构。至于"世界圆像"之所以重要,用韦伯的话来说,那是因为:"……直接支配人类的行为,是'物质及精神上'的利益,而不是理念。"但是由理念所创造出来的"世界圆像"常有如铁轨上的转辙器,决定了轨道的方向,而在轨道上,利益的动力才是推动人类的行为。因此,有关宗教志愿组织的历史考察,"世界圆像"的概念是相当重要的解读标准。慈济"为佛教、为众生"、"慈悲喜舍"的关怀旨趣为慈济勾勒出组织运作的大方向。详见王顺民.宗教福利[M].台北:亚太图书出版社,1999:207-208.

② 王顺民.宗教福利[M].台北:亚太图书出版社,1999:180.

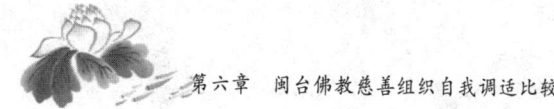

"世界圆像"的推动下,慈济每隔十年就根据社会需求的变化,推出一项新的志业。①

除了"世界圆像"外,证严法师个人所具有的宗教情怀也是慈济进行自我调适的内在驱动力之一。所谓宗教情怀就是对弱者具有的天然的怜悯、仁爱。这种思想在各个宗教当中都存在,也是宗教慈善事业发展的思想基础。对于佛教来说,佛陀的"无缘大慈、同体大悲"的慈善思想就是它的宗教情怀。正是这种宗教情怀使得证严法师能够带领慈济进行自我调适,以适应社会环境的变化。以慈济花莲医院的建立为例,它既有社会需求的推动,又是证严法师个人宗教情怀的产物。证严法师建立花莲医院的一个非常重要的诱因就是通过长期的访贫体会到很多贫弱之人,因病致贫,深知"疾病是苦痛的根源,贫穷的由来",慈济的社会救济只能帮助他们免于一时的饥饿,保一时的温暖,而"防贫止病"才是治标之道。因此,证严法师决心在花莲地区建造一座现代化的医院,同时积极发展医疗志业。

> 功德会自救助贫困同胞的经验中,体会到"疾病是苦痛的根源,贫穷的由来"。许多被救济的个案中,都因生病无法及时得到妥善治疗与照顾,以至于由小恶化为大病,终至耗尽积蓄,陷入贫困不拔之境地。②

> 第一就是让他健康,健康是需要医疗的,我们的医疗工作如果能健全、做得好,社会就可消除贫穷……我去贫困户调查,发现他们都是因为家中有一个人病了,而拖累了这个家庭,家庭一拖累,教育就成为问题,家庭的教育成为问题,社会就有问题,因此我才决心盖医院。③

(三)组织不同阶段发展需要的推动

任何组织都有一定的生命周期,组织在不同的发展阶段所面临的问题

---

① 慈济成立于1966年,至今已有近50年的历史。根据慈济网站的有关说明,慈济的第一个十年主要以发展慈善志业为主,第二个十年以发展医疗志业为主,第三个十年以发展教育志业为主,第四个十年以发展人文志业为主。在慈济成立40周年后,证严法师于2006年成立了慈济宗门,成为一个新的佛教分支。
② 王顺民.宗教福利[M].台北:亚太图书出版社,1999:192.
③ 慈济文化中心.慈济年鉴(1966—1992)[M].台北:慈济文化出版社,1993:24.

和挑战是不一样的。为了实现可持续发展,组织在不同阶段都会根据自身的发展需要进行自我调适。一般来说,组织生命周期大致可以分为创业期、成长期、成熟期和衰退期四个阶段。[①] 组织处于不同的发展阶段,其目标任务是不同的。组织处于发展初期,目标是为了生存,各项组织制度还处在完善之中,各项制度还不够规范化。这时候,组织为了能够更好地获得发展机会,便会学习和模仿其他成功组织的运作模式,以完善组织的各项制度。处于发展期的组织,目标是集中力量促进组织成长,在这个过程中,组织的各项制度逐步得到完善。这时候,组织在先前模仿的基础上,自身组织运作的特点开始显现出来。福建地区的佛教慈善组织便是处在这个时期,因此,组织自我调适的主要内容便是完善组织的制度,以及构建组织自身的社会关系网络。处于成熟期的组织,目标是提高组织工作效率,科层制度较为完善,组织自身运作的特性开始形成,但是,官僚化已经开始形成。这时候,组织自我调适的主要内容便是变革组织制度。慈济目前就处于发展的成熟期。因此,其组织自我调适的内容就是组织的制度变革,以及自身社会关系网络体系的巩固与完善。

总之,闽台两地佛教慈善组织自我调适的外在驱动力基本相同,内在驱动力有所差别。下面我们将从制度与传媒网络两个方面来分析和比较闽台佛教慈善组织自我调适内容的异同。

第二节 闽台佛教慈善组织自我调适的内容比较

闽台佛教慈善组织自我调适涉及组织形式、组织行为、组织结构、组织与外部环境的关系等诸多方面。本节我们选择闽台佛教慈善组织的制度

---

① 张勇.现代企业生命力:现代企业生命周期理论[M].北京:机械工业出版社,2007:111.

调适以及传媒网络调适两个方面进行比较。①

一、闽台佛教慈善组织的制度调适比较

组织制度是组织发展的重要基础和载体。但是,随着环境的变迁以及组织自身目标的变化,组织的制度也要进行改革,以适应组织发展的需要。在制度建设方面,台湾地区要优于福建地区。因此,福建地区的佛教慈善组织也在积极学习台湾同行的运作模式。

(一)福建地区佛教慈善组织的制度调适

福建地区佛教慈善组织历史较短,还处在发展时期,其各项制度都是在借鉴国内外其他组织成功运作模式的基础上建立和发展起来的。因此,它们的制度调适不是变革原有的制度,而是在学习和模仿其他组织运作模式的基础上,完善组织的各项制度。

在闽台两地三个佛教慈善组织中,同心慈善会的历史最短,不到10年。同心的各项重大制度、志业都是在学习和模仿其他组织运作模式的基础上建立起来的。在同心发展历程中,影响较大的组织制度的建构包括同心义工中心、同心儿童院、癌友关怀部,以及同心会员制的建立。首先是同心的会员制。会员制是慈善组织筹资的途径之一,它的一个好处就是可以为慈善组织提供稳定的收入来源。同心的会员制是在学习南普陀寺慈善

---

① 本书选择闽台佛教慈善组织的制度调适与传媒网络调适进行比较,主要是基于以下原因:一是比较的可行性。有关闽台佛教慈善组织的制度变迁和传媒网络建构的相关文献资料较多,为比较提供了可行性基础。二是从佛教慈善组织社会交换所造就的"合法性机制"来考量。台湾地区各佛教团体之间相互模仿、学习。慈济虽然是台湾最大的民间慈善团体,但它不是台湾最大的佛教道场。星云法师所建立的佛光山是当代台湾最大的佛教道场。且佛光山成立与成名的年代都要早于慈济等其他台湾佛教团体。其组织运作模式对台湾其他佛教团体影响极其深远。慈济传媒网络的建立也是在借鉴台湾其他佛教团体,特别是佛光山基础上建立起来的。同时,慈济也将企业化运作的理念融合到了志业中心的运行当中。因此,制度调适与传媒网络调适最能代表慈济在"合法性机制"下进行组织的自我调适。三是福建地区的佛教慈善组织还处于发展时期,因此,其组织制度与传媒网络建构还处在完善阶段。通过与台湾同行的比较,可以为它们组织制度的完善以及传媒网络的建构提供借鉴的经验。

会的基础上建立起来的。其次是同心义工服务中心①的建立。为了筹建义工服务中心,2003年广普法师在香港义工服务局的帮助下系统地学习了香港地区义工培训的经验、制度,以及组织运作模式,并从香港带回义工培训课程设置所需的各种资料。目前,同心义工服务中心阶梯式培训课程体系的设计就是在学习和模仿香港同行基础上建立起来的。再次便是同心的癌友关怀部的成立。同心慈善会的癌友关怀部借鉴台湾"中华癌友新生命协会"的运作模式。台湾癌友新生命协会于2004年被世界卫生组织和世界心理卫生联盟评为全世界60个最健康的团体之一,通过传授运动免疫、精神免疫的具体方法,从身、心、灵三方面入手,帮助癌友身体与心理的康复。同心慈善会通过与其合作,邀请台湾癌友新生命协会的相关专家来厦门为厦门的癌友患者提供免费的讲座,不仅帮助了厦门本地患者康复了心理与身体,也使得其自身积累大量的宝贵经验,为同心慈善会独立提供康复心理关怀奠定了基础。这也是闽台两地文化交流的新形式与新方法。

最后便是同心慈善会现代治理结构的建立。作为一家草根组织,同心慈善会的组织治理结构一直不完善,理事会制度一直未能建构起来,这在一定程度上制约了同心慈善会的进一步发展。2009年12月同心慈善会召开了第一届会员代表大会,成立了同心理事会,选举出常务理事和会长,完善了组织治理结构,为同心未来的发展奠定了组织基础。另外,同心还有一个值得期许的组织制度调适,即是同心服务社区化的趋势。慈济社区志工网络是佛教慈善组织服务社区化的典型。同心慈善会通过与居委会合作的形式,实行社区共建模式,为基层社区提供各种类型的志愿服务,既拓展了同心慈善会服务社会的空间,也为社区开展各种便民服务提供了外来的社会支持。

南普陀寺慈善会在这三个组织当中显得比较特殊,其组织架构与制度的形成并不像同心慈善会那样经历了这么多年的时间。南普陀寺慈善会成立于1994年,而南普陀寺慈善会的主要组织架构中的慈善部、弘法部、流通处、服务部、宣传部、档案室、办公室等下属机构很快就建立起来;而且

---

① 有关同心义工服务中心的制度详见前文同心志工管理部分。

主要对外服务部门,包括义诊院、素菜馆都在第二年陆续成立。可以说,南普陀寺慈善会成立到其组织相对较为成熟的运作经历的时间很短。这主要得益于南普陀寺慈善会的母体组织南普陀寺本身有着比较悠久的历史,以丛林制度为主要特征的佛寺运作经验也比较成熟。因此,建立在丛林制度基础之上的南普陀寺慈善会的组织架构也自然比较成熟。此后,南普陀寺慈善会为了让慈善部专门处理慈善事务,将印刷部门从慈善部剥离出去,并且组织财务部门的工作人员学习相关的专业技能,除此之外,其组织制度基本处于稳定状态。这与其成立以来服务内容基本没有变迁密切相关。

总之,慈济通过组织的自我调适,完善了组织运作模式,成功塑造了慈善界的"慈济模式",成为其他组织学习和模仿的对象;而同心慈善会也通过积极的学习与模仿,主动进行组织自我调适,成为一个服务型慈善组织,所提供的义工培训与癌友关怀服务是目前大陆比较缺乏的;南普陀寺慈善会成立之初就建立起相对成熟的运作模式,其后由于服务内容以传统救助服务为主,因此,其组织制度基本处于稳定状态。

(二)慈济的制度调适

慈济自建立以来,其组织制度的变迁一直伴随着组织的发展。在慈济发展史上比较重要的组织制度调适有三个:慈济四大志业建立与发展[①]、慈济志业中心的建立,以及社区志工网络的发展。

1. 慈济志业中心的建立与发展[②]

慈济是由证严法师与慈济资深委员一起创办的。在慈济发展初期,证严法师与慈济委员们一起募款,赈灾与济贫,建立了慈济的访视制度。早期的慈济,组织规模较小、活动范围有限,所以管理起来相对简单。因此,早期的慈济并没有建立起一整套符合现代组织科层制要求的管理体制。随着慈济各项志业的陆续发展,慈济的组织规模和社会影响力不可同日而

---

① 关于慈济四大志业的建立与发展前文讨论较多,这里不再赘述了。
② 赖家阳.慈济志业中心之制度化分析[D].台湾大学,2002:41-64.

语,单一的证严法师与委员直接互动的管理模式显然不能适应慈济扩大化、规范化、专业化的发展需要。1987年证严法师宣布对慈济管理进行改革,成立"慈济管理中心",并以企业化精神指导所属关系单位的运作,目的是促使慈济的管理走上制度化的轨道;1999年证严法师又将原来的"总管理中心"正式确定为"志业中心",建立了包括人力资源处、宗教处、秘书处、国际事务处、总务处、财务处、营建处、资讯处,以及四大志业发展处等一整套现代化的组织架构体系。慈济志业中心下属的各个机构根据自身的职能要求,落实证严法师"为佛教、为众生"的理念,推动慈济各项志业的蓬勃发展。

慈济志业中心是慈济整个组织的管理枢纽,它在慈济的决策、计划和执行机制中扮演着重要的角色,是慈济组织制度化的重要组成部分。慈济志业中心是慈济决策机构"慈济策划推动委员会"的咨询机构、慈济四大志业体[①]的幕僚与规划机构。志业中心的建立首先提高了慈济的运作效率。慈济志业中心人力资源处的前身之一是绩效室。它在帮助慈济各志业体建立绩效管理制度方面起到了决定性的作用。通过绩效室卓有成效的工作,慈济各志业体建立了以绩效为核心的管理体系,完善了组织的绩效考核、追踪制度,并通过绩效管理体系及时研判组织的经营状况,以及时调整组织管理与发展策略。其次,志业中心的建立有效地整合了慈济各项志业的发展。在慈济志业发展处建立以前,慈济各志业体是相互独立的,彼此之间缺乏合作。而志业发展处在慈济各项志业中扮演着协调者的角色。比如,新的慈济医院的建立,志业发展处除了帮助其基本业务之外,还为联系其他医院为其发展提供专业性的指导,以促使它们更快地运作起来。再次,慈济志业中心帮助慈济建立了"预算制"。财务预算是现代社会组织的基本制度之一,是组织实现良好财务管理的重要保证。慈济志业中心所的财务部门要求慈济各志业体根据自身的发展需要在每年的12月份编列来年的财务预算。其目的不仅在于"以最少的钱办最多的事",更在于透过预算机制提高慈济资源的利用效率。

---

① 慈济四大志业体是指慈济四大志业的专业机构,包括慈济在各地的医院、学校、慈济传媒机构等专业性机构。

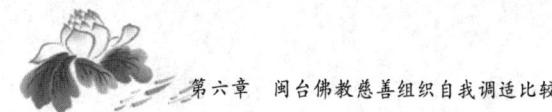

总之,慈济志业中心的建立不仅推动了慈济组织的制度化建设,而且提高了慈济的管理效率,为慈济组织的高效运行奠定了良好的组织基础。

2. 慈济社区志工网络[①]

在所有慈济的制度调适中,社区志工网络的建立最具有划时代意义,其社会影响力也最大。慈济在台湾"9·21"大地震中所展现出来的惊人的动员能力震惊了台湾社会。以至于台湾军方为了提高灾害动员能力,专门研究慈济的动员体系。而这一切都与慈济的社区志工网络密不可分。1996年的"贺伯"台风重创了台湾地区。当时,慈济在台湾地区已经拥有较高的社会知名度,社会各界对慈济的赈灾期待较高。然而,慈济在灾后第三天才到达灾区,引起了一些灾区灾民的不满。[②] 此后,为提高慈济的动员能力,证严法师对慈济传统的组织模式进行了大规模的改革。改革的核心就是改变过去以慈济委员或慈诚个人为核心的组织架构模式,取而代之的是以社区为核心的组织架构体系。在慈济社区志工网络建构的初期,很多慈济资深委员表示不理解。这是因为他们当中的很多人已经习惯了过去的组织模式,要适应一种全新的组织架构难免带有一些抵触情绪。这时候,证严法师个人的魅力再一次展现出来。与当初排除万难建立慈济医院一样,证严法师力排众议,提出建立"社区志工"的呼吁。慈济社区志工网络就是以社区为主,重新整编委员组,带动社区民众关怀土地、联系左邻右舍的感情,共同投入到慈济的各项日常工作中,包括清扫街道、环保资源回收、认养公园、整治溪流、关怀老人、照料贫困等,并依托社区网络,举办各种形式的乡土文化活动。同时,还成立了"社区关怀救难系统",平时就详细掌握社区资源的状况,以备不时之需。

慈济社区志工网络体系,将慈济的志工与社区巧妙地结合在一起,既可以就近动员志工,也为志工就近服务提供了一个平台。同时,透过日常的组织与训练,社区志工充分了解了本社区的各种资源状况,在灾害发生

---

① 释证严.大爱在人间:证严法师的慈济世界[M].佛教慈济慈善事业基金会,2007:60.

② 此处是与一位慈济师姐的谈话中得知慈济社区志工的起源。

时,能够在第一时间将本社区的灾情呈递给慈济本会,以供慈济本会决策参考之用。这也保证了慈济能够在第一时间充分了解灾区的灾情,为高效决策节约了宝贵的时间。

慈济社区志工运作模式也被推广到全球其他有慈济分会的地方,包括大陆。以慈济在厦门为例。作为慈济在大陆重要的基地,慈济也在厦门地区建立较为完备的社区志工网络。慈济在厦门共建立了思明社区、湖里社区、翔安社区、海沧社区、集美社区等5个社区志工网络。依托这些社区网络,慈济将志工的招募、培训,以及慈济委员和日常的联络、学习等活动都放在社区之中。慈济也依托社区志工网络,开展社区居家关怀、济贫救困、医疗志工等一系列活动。同时,社区志工网络还是慈济环保活动的重要支撑体系。依托基层社区,慈济建立在台湾乃至全球的数千个环保回收站,为保护环境做了积极的贡献。更重要的是,通过扎根社区,慈济传播了善的理念与种子,既为慈济组织的持续扩张提供了组织平台,也为社区居民参与慈善公益活动提供了平台。

二、闽台佛教慈善组织的传媒网络调适比较

拥有庞大的传媒网络是台湾佛教团体的共同特点,而慈济的传媒网络也是在学习佛光山的基础上建立起来的。在福建地区,佛教慈善组织与传媒之间的关系还仅仅停留在提供新闻素材阶段。下面我们就来分析与比较闽台两地佛教慈善组织传媒网络调适。

(一)非营利组织与现代传媒的关系

传媒调适是闽台佛教慈善组织自我调适的重要内容之一。随着资讯时代的到来,包括平面媒体、广电媒体、网络媒体等在内的现代传媒在人类社会生活中起着越来越重要的作用。非营利组织要在一个资讯的时代里获得生存与发展,离不开自身传媒网络的建构。这里传媒网络的建构包括两个方面:一是非营利组织建立属于自己的媒体。最为简单的就是建立属于自己的专业网站。二是充分利用整个社会的媒体资源为自己服务,构建组织与新闻传媒的合作网络。

现代传媒在非营利组织的发展中起到了重要的作用。在大陆,有学者以中国青少年发展基金会为例,研究了现代传媒在其合法性构建中的作用,发现现代传媒帮助中国青基会展示了政治合法性、唤起了道德合法性、积累了绩效合法性。① 在大陆,环境非营利组织的兴起与发展就充分借助了现代传媒的力量。无论是唤起社会各界和政府对"滇金丝猴"的保护重视,还是激起公众对非法屠杀"藏羚羊"的义愤,大陆环保 NGO 的每一次行动都充分利用了现代传媒在信息传播方面的优势,使得在短时间内聚焦了大量的社会关注,形成了巨大的社会问题效应和意识。那些看似只有几个人的小型环保 NGO 发挥了惊人的能量。近年来,慈善公益事业也成为社会的热点话题之一。人们通过现代传媒的话语塑造,开始大量关注慈善公益组织的社会公信力问题,以及捐赠者的承诺议题。

在台湾,现代传媒同样在非营利组织的发展中起到了巨大的推动作用。这里尤以宗教团体为甚。尤其是佛教团体,更是台湾民间组织当中利用现代传媒的佼佼者。佛光山的创始人星云法师无疑是现代佛教团体利用传媒的领航者。早在创办佛光山之初,星云法师就充分利用传媒来宣传自己。从以下台湾佛教学者江灿腾关于星云法师早年利用传媒传教的描述中我们就可以知晓一二了。

> 除了全力推动宣传攻势外,星云法师本身拥有很强的表达能力,在当时台湾资讯十分匮乏的情况下,他非常勤于为电台撰写佛教广播稿,还经常在佛教刊物上发表文章,连自掏腰包买篇幅都愿意。我们知道,文字、声音等传媒都是跨地域性的传播工具,而当年传播工具的数量甚少,人们没有什么选择,所以如此长期积累下来,便使他逐渐享有全台性的知名度。②

实际上星云法师一直都是台湾传媒界的宠儿,其媒体曝光度极高。作为海峡两岸佛教交流的重要使者,星云法师与大陆传媒界的互动也较为频繁。台湾佛教界较为引人注目的就是很多佛教团体都建立了自己的现代

---

① 王少华.大众传媒在非营利组织合法性建构中的作用:以中国青少年发展基金会为例[J].新视野,2005(1).

② 江灿腾.台湾佛教史[M].台北:五南图书出版公司,2009:396.

传媒机构。如星云法师所在的佛光山也建有自己的电视台,直接对外宣传自己的佛教思想与理念。星云法师这种充分利用现代传媒的思想也影响了台湾其他佛教团体的运作。当证严法师建立慈济功德会的时候,还是个默默无闻的小团体,而佛光山已经名扬天下了。鉴于佛光山利用现代传媒所取得的巨大成功,慈济也走上了与现代传媒合作的历程。接下来我们就来分析慈济的传媒网络建构过程。

(二) 慈济的传媒网络调适

传媒网络在慈济的发展历程中占有重要的地位,它是慈济成功的重要社会基础。慈济在初期,就已经有媒体工作者加入其中。① 早期对慈济发展影响较大的传媒界人士是陈贞如,后期则是证严法师的俗家亲弟弟、慈济基金会副总执行长王端正先生。陈贞如不仅帮助慈济功德会创办了《慈济月刊》,用来联络慈济会员与向外界宣传慈济的各项志业,同时,身为《民声日报》记者的陈贞如联合其他慈济委员当中的传媒人士,如台湾《中央日报》花莲分部主任林志腾、《更生日报》的陈香等人帮助慈济联系媒体,进行宣传。学者阚正宗就指出,如果离开这些传媒人士的持续策划,慈济是否能在短短的时间内崛起,可能要重新考量。当然,在 20 世纪 60 年代,慈济与台湾主流媒体的合作还非常有限。一些台湾主流佛教媒体,如《海潮音》、《菩提树》、《狮子吼》、《台湾佛教》鲜有刊登慈济的相关事迹。突破性的事件发生在 1972 年 3 月间。这一时期,慈济在经费较为充裕的情况下,开始在《菩提树》上大幅度报道慈济功德会的事迹,慈济开始为更多的台湾佛教徒所了解。此后,慈济功德会开始主动与主流佛教媒体保持紧密的联系,慈济的传媒网络调适取得了不俗的成就,使得慈济为更多的台湾民众所了解,为慈济后期的发展、崛起奠定了坚实的基础。

在谈及慈济成功的因素时,台湾佛教学者江灿腾曾经用了"媒体资源丰富,慈济效应所向披靡"来形容现代传媒在慈济崛起中所扮演的角色。

---

① 本部分有关慈济初期传媒网络建构,包括媒体工作者以及慈济与台湾主流媒体关系的相关论述参考阚正宗.重读台湾佛教:战后台湾佛教(续编)[M].台北:大千出版社,2004:351-352.

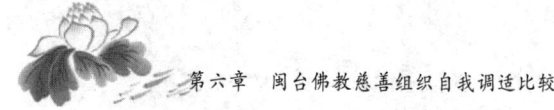

而让现代传媒与慈济发展完美结合在一起的则是证严法师的俗家亲弟弟王端正先生。

> 慈济功德会臻至今日的成功,其实还得感谢证严的弟弟王端正,这位出生自媒体记者的人物,非常了解和掌握媒体关系的重要性,他不断利用各种管道让媒体替慈济造势,包括买广播时段、电视时段。慈济又拥有自己的刊物,可说是目前台湾掌握媒体资源最丰富的团体之一,而它在媒体资源上的投资,恐怕也是最多的。①

在王端正先生的操盘下,慈济对现代传媒的利用达到了炉火纯青的地步。慈济更是于1998年1月1日创办了慈济大爱电视台。而证严法师期许慈济大爱电视台能够为时代作见证,为慈济写历史,"报真导时"。经过10多年的努力,慈济大爱电视台已经成为台湾首家完全无带化,数位播出的电视台。通过大爱电视台,慈济更是将其人文精神理念传播到世界各地,实现了慈济信息全球无缝隙覆盖。而大爱电视台也成为台湾为数不多的无广告的电视台,其运作的资金来源于慈济的环保资源回收的资金与爱心人士的捐赠。多年来,慈济通过对现代传媒的深耕,使其成为慈济事业发展的重要助推器。学者江灿腾指出②:

> 多年来,政府对慈济功德会的褒奖似乎持续不断,国际上的表彰也是接二连三,再加上媒体的推波助澜,慈济效应在短短的几年内便深深地撼动了台湾的社会民心,使佛教与慈善事业紧紧地相扣在一起。
>
> 证严法师在经营慈济功德会的策略上,把宗教性和非宗教性的慈善事业做区隔,让事业体由台湾的主流精英来筹办和管理,非常正确地规划了事业发展的方向,让依靠造神运动及其自食其力的优势,在媒体的充分配合下,很迅速地便征服了台湾社会,威力之大所向披靡,影响力逐渐扩散到亚洲之外的地域。

慈济在世界其他地方也注重现代传媒的利用。除了利用卫星让位于台湾的大爱电视台将信息传播到世界各地外,慈济还在印尼的雅加达建立

---

① 江灿腾.台湾佛教史[M].台北:五南图书出版公司,2009:405.
② 江灿腾.台湾佛教史[M].台北:五南图书出版公司,2009:405.

了印尼慈济大爱台,通过扎根印尼本土来传播慈济大爱的理念。在大陆,自 1991 年华东赈灾以来,慈济基金会秉持当初赈灾"三不"(不谈政治,不作宣传,不刻意传教)宗旨,一直低调从事。但是这并不意味着慈济在大陆不重视与传媒界的互动。实际上,只要大陆传媒界有采访的,慈济一般都会积极配合。近年来,随着海峡两岸关系的缓和和两岸各项交流的不断深入,慈济在大陆的知名度也在不断地提升,慈济的事迹也不断地被大陆的主流媒体所关注,更多的大陆爱心人士认识了慈济、了解慈济,很多人也开始参加慈济的各项志工活动。大陆也成为慈济展现其志业的大舞台。

(三)福建地区佛教慈善组织的传媒网络调适

与慈济所拥有庞大的媒体资源相比,同心慈善会和南普陀寺慈善会的媒体资源则要逊色多了。与台湾佛教团体自身拥有广电媒体相比,大陆则没有一家佛教团体拥有此资源。这既是海峡两岸佛教团体自身所拥有资源存在巨大差异的缘故,也是两岸不同的媒体环境所造成的。虽然如此,现代传媒在福建省这两家佛教慈善团体的发展中还是起到了一定的促进作用。

首先是厦门本地的传媒帮助这两家佛教慈善组织提高了社会知名度,尤其是同心慈善会更是如此。一般来说,同心慈善会如果有什么活动,比如海峡两岸癌友协会的合作,台湾癌友新生命协会到厦门举办公益活动,免费为癌友提供心理咨询和理疗等,厦门地区的平面媒体,如报纸期刊都会给予报道,为广大癌友及时提供信息。不过,同心慈善会在联系媒体方面缺乏主动性与前瞻性,仅仅为本地传媒提供新闻素材,缺乏长效的合作机制。这在一定程度上不利于同心慈善会知名度的提升。南普陀寺历史悠久,其所建立的慈善会又是大陆第一家佛教慈善团体,因此,厦门本地传媒在提升其知名度方面作用不大。但是,鉴于南普陀寺的巨大社会影响力,如果南普陀寺慈善会举办大型活动,比如为台湾"八八水灾"和汶川大地震、玉树地震遇难同胞祈福并募捐,本地的广电媒体和平面媒体(报纸)都会有大量的报道。这有助于那些不了解南普陀寺慈善会的公众及时了解这方面的信息。

其次,全国性媒体报道使得同心慈善会在业界具有一定的影响力。这不仅表现在2009年广普法师受邀到中国人民大学进行演讲,还表现在通过参加全国宗教公益慈善事业的专业研讨会,与同行之间的交流,扩大了同心慈善会在业内的知名度。而这些研讨会都被媒体大量地报道。不过,与同心慈善会不同,南普陀寺慈善会在全国的知名度提升,还是得益于南普陀寺作为旅游景区,大量媒体在宣传厦门时会附带它,这无疑提升了南普陀寺的影响力,而附属于南普陀寺的慈善会随着大量游客的到来,设于寺内的宣传柜台就成为这种影响力的一种衍生。

最后是网络媒体的作用。同心慈善会和南普陀寺慈善会都建有自己的专业性网站。随着中国网民数量的急速增长,网络媒体的社会影响力已经超过了传统媒体,成为社会新兴的媒体资源,在年轻一代中的影响力更是惊人。如何充分利用网络传媒来提升组织的知名度是每一个慈善组织都必须考虑的问题。同心慈善会一般都会在本地的社区、论坛发布有关组织的活动信息,以提升组织的社会影响力。而南普陀寺慈善会更多地利用网络传媒来宣传佛教慈善思想,为网友学习佛学提供一个平台。

从以上的分析我们可以看出闽台两地佛教慈善组织在传媒网络调适方面存在着巨大的差异。首先是两地传媒人才方面的巨大差距。台湾佛教慈善团体一般都拥有知晓现代传媒运作模式的专业性人才。他们深刻体会到现代传媒的巨大影响力和在提升组织社会知名度方面的作用,熟悉现代传媒运作模式。比如慈济副总执行长王端正先生就是这方面的杰出代表。另外,慈济借由自身所拥有的广电媒体、平面媒体,培养了大量的专业性人才,他们自身所具有的社会网络成为慈济媒体网络不可或缺的一个重要组成部分。其次是所拥有媒体资源方面的巨大差距。这方面就不用赘述了,从二者所拥有的资源就可以看出。最后是利用现代传媒意识方面的差距。以慈济为代表的台湾佛教慈善团体一般都主动与传媒界建立合作关系,通过他们的社会网络帮助提升组织的知名度与社会影响力。反观福建地区的佛教慈善组织,它们在这方面比较被动,即使有建立一些合作关系,也只是单向的,停留在为对方提供新闻素材的层次上,没有建立合作的长效机制。因此,福建地区的佛教慈善组织可以借鉴慈济传媒调适的经验。

福建地区的佛教慈善组织首先要建立起建构现代媒体网络的意识,克

服被动接受采访的心理误区,要积极主动地与传媒界打成一片,才可以借助传媒提升组织的知名度与社会影响力。其次是引进或内部培养熟悉现代媒体运作的专业性人才,为组织媒体网络的建构提供人才保证。最后是提升自身所拥有网络媒体的功能。慈济基金会的网络媒体资源非常丰富,网民不仅可以通过其网站了解到有关慈济的各种信息与历史,而且可以通过慈济全球资讯网进行在线的实时学习。笔者参加慈济思明区志工培训,就是通过网站与台湾本会进行实时连线。即使没有时间到现场,也可以通过在线学习的方式完成慈济志工培训课程。只有这样才能增加网络媒体对网民的吸引力,提升网络媒体的功能,而不是仅仅将网络媒体当作发布信息的工具。

本章小结

社会交换所造就的慈善组织领域的"合法性机制"是推动佛教慈善组织自我调适的最大外部驱动力,而社会需求则是慈善组织产生与发展的动力,二者的结合构成了佛教慈善组织自我调适的外部驱动力。福建地区佛教慈善组织的创始人所具有的学习创新意识是促使组织进行自我调适的内在驱动力;证严法师个人的"世界圆像"导引着慈济的发展道路,是慈济在不同历史时期根据社会需求进行自我调适的指导思想。另外,闽台两地佛教慈善组织处于不同的发展时期,它们自身不同的发展需求也是推动组织自我调适的重要内在驱动力。可以说,闽台两地佛教慈善组织自我调适动力机制是外在相同,内在有别。在组织自我调适内容方面,闽台两地佛教慈善组织不同的发展阶段决定了它们的制度调适与传媒网络调适存在着重大差异。慈济更多的是改革自身的组织制度;福建地区佛教慈善组织则还处于建立或完善制度阶段。而传媒网络调适差异性则更加明显,慈济不仅与传媒界建立了有效的合作伙伴关系,而且构建了庞大的传播媒体;福建地区佛教慈善组织还处于为传媒提供新闻素材阶段,缺乏与传媒合作的战略眼光,而自身仅有的网络媒体,其功能也比较单一。不过,福建地区佛教慈善组织,特别是同心慈善会在学习台湾同行方面走在了大陆佛教慈善组织的前列,形成了自己特色的组织运作模式。

第七章

结 束 语

本书以社会交换理论为分析视角,对闽台两地佛教慈善组织运作模式进行了比较研究,探讨了它们在资源动员、资源转换,以及社会服务输送方面的异同,目的是总结闽台两地佛教慈善组织成功的经验,为大陆其他慈善组织的发展提供一些政策性建议。

本书的主要研究结论如下:

第一,社会交换是佛教慈善组织获取各种资源(包括有形的物质、人力资源,无形的合法性资源)的根本途径,而且不同类型佛教慈善组织之间的社会交换模式有着显著的差异。同心是一种社会化的资源动员方式,其社会交换模式与世俗组织无异;慈济虽然也是社会化的资源动员方式,但其社会交换模式中更多地融入了佛教的各种思想精髓,二者的巧妙结合造就了慈济惊人的资源动员能力;南普陀寺慈善会的资源动员方式与佛寺经济紧密联系在一起,其社会交换模式更多呈现出传统佛教慈善的特点。

闽台佛教慈善组织不同的社会交换模式对于大陆其他宗教类慈善组织的发展有着重要的借鉴意义。

首先,同心与慈济都是一种社会化的资源动员方式,它的精髓就是讲究组织的生存与发展策略。同心与慈济在大陆的慈善公益实践活动中都淡化宗教色彩,这样易于为政府和普通社会公众所接受。比如,慈济自华东赈灾以来,秉承"不谈政治,不作宣传,不刻意传教"的宗旨,于2008年2月获准登记成立。这就意味着慈济已经赢得大陆官方的信任,不再怀疑它别有用心,是慈济慈善事业发展路上的里程碑。① 同心在对外活动时淡化佛教色彩,才获得了厦门地区官方的大力支持,不仅众多政府机关事业单位成为同心的共建单位,而且厦门市翔安区民政局还与同心合作举办同心儿童院。因此,在各种慈善公益实践活动中淡化宗教色彩,强化宗教慈善服务社会的功能是大陆其他宗教类慈善组织必须注重的一个生存与发展模式,这样才能突破宗教慈善场域对宗教慈善组织发展的空间限制。

其次,宗教慈善组织必须重视社会公众的参与,建构志工服务精神,积极参与社会公益事业。慈济的志工参与造就了慈济王国;而同心慈善会的发展也离不开志工的支持。因此,大陆其他宗教类慈善组织必须扩大义工社会慈善公益服务的参与,这样才能扩大宗教慈善组织发展的社会基础。比如,南普陀寺的义工队伍不能只为佛寺服务,参加法会秩序维持、擦洗寺院等,还要积极参与其他社会公益服务,将累积功德的观念转化为服务的观念。

第二,社会交换促进了佛教慈善组织之间的竞争与分化。在竞争的压力下,各慈善组织之间相互学习与模仿,不断提升组织的治理能力,从而在整体上推动慈善事业的发展与进步。

首先,慈善组织必须善于模仿与学习。慈济的传媒网络就是在模仿佛光山的基础上建立起来的,成为慈济事业发展的助推器;同心的癌友关怀与义工培训服务是在学习港台同行经验的基础上,结合自身的组织特色进行的有效探索,成为同心的特色之一。因此,积极学习同行的先进管理模式是提高大陆草根慈善组织专业能力和管理水平的有效途径之一。

其次,慈善组织必须及时回应社会需求的变化,这样才能在激烈的竞争中获得发展的空间。随着社会的发展,慈善组织不仅要满足贫弱阶层的救助服务需求,也要满足其他社会群体的心灵环保需求,这样才能扩大慈善组织发展的社会基础。这就要求慈善组织必须向服务专业化、内容多元化的方向发展。草根慈善组织只有不断吸纳专业人才,提高组织服务供给的质量,才能赢得社会的信任与支持。宗教类慈善组织必须将慈善公益项

---

① 林泷耀.慈济慈善基金会苏州挂牌[EB/OL]. http://www.chinadevelopmentbrief.org.cn/newsview.php?id=2300,2010-08-24.

第七章 结束语

目从现有的老弱病残的传统社会救助服务向现代的医疗、教育、心灵环保等现代社会服务领域延伸。

再次,政府部门必须明确自身在慈善领域的边界,减少对慈善事务的行政干预,为民间组织创造一个良好的制度环境。大陆民间慈善事业发展的一个体制性障碍在于大陆严格的双重登记制度。此外,政府对社会慈善事业过多的行政干预,也在一定程度上限制了民间慈善组织的发展。不管是带有行政性的强制捐款,还是将民间组织所募捐而来的善款集中起来统一使用,都是政府对慈善事业过度行政干预的一种表现。而这种行政干预的后果就是直接扼杀了民间慈善组织的生存空间。在台湾,行政当局一般不干预民间慈善公益活动,只履行法制监督责任。在这种环境中,民间慈善组织不但获得了巨大的发展空间,而且在竞争的压力下,慈善组织之间相互学习与模仿,从而在整体上推动慈善事业的发展,提高了各民间组织治理能力。慈济就是在这种自由的民间组织竞争环境中脱颖而出的,成为华人社会民间力量的典范。所以,为了促进大陆慈善事业的发展,政府必须减少对慈善事业发展的行政干预,明确政府在社会慈善事业事务中的权力边界——那就是履行法制框架下的监督职责,改革限制民间组织发展的制度障碍。

台湾地区的非营利组织的运作经验与发展模式对大陆非营利组织也具有一定的借鉴意义。因此,加强海峡两岸非营利组织之间的交流与合作,也是促进大陆非营利组织发展的有效途径之一。同心慈善会的癌友关怀部就是借鉴台湾经验而建构起来的。从2008年开始,福建地区的相关主管部门开始与台湾方面加强了非营利组织之间的合作,并召开多次海峡两岸非营利组织的发展与合作研讨会,希望通过研讨会的交流,借鉴台湾同行的经验与做法,促进福建地区非营利组织的健康发展。

以上是本书的结论与启示。本书以社会交换作为理论视角,比较闽台两地佛教慈善组织运作模式的异同。作为一种尝试,研究对象未能涵盖闽台地区所有的佛教慈善组织,在研究样本上带有一定的局限性。因此,在今后的研究中必须增加闽台两地佛教慈善组织的研究样本,才能从整体上把握闽台两地佛教慈善组织的发展现状。

参考文献

一、中文译作

[1]安东尼·吉登斯.社会的构成[M].北京:生活·读书·新知三联书店,1998.

[2]贝奇·布查特·阿德勒.美国慈善法指南[M].北京:中国社会科学出版社,2002.

[3]彼得·布劳.社会生活中的交换与权力[M].北京:华夏出版社,1988.

[4]彼得·德鲁克.非营利组织的管理[M].北京:机械工业出版社,2007.

[5]凡勃伦.有闲阶级论:关于制度的经济研究[M].北京:商务印书馆,1997.

[6]加里·贝克尔.人类行为的经济分析[M].上海:上海三联书店,1995.

[7]科斯,等.财产权利与制度变迁:产权学派与新制度学派[M].上海:上海三联书店、上海人民出版社,1994.

[8]赖特·米尔斯,等.社会学与社会组织[M].杭州:浙江人民出版社,1986.

[9]莱斯特·萨拉蒙,等.全球公民社会:非营利部门视角[M].北京:社会科学文献出版社,2002.

[10]莱斯特·萨拉蒙.公共服务中的伙伴[M].北京:商务印书

馆,2008.

[11]米歇尔·诺顿.全球筹款手册:NGO及社区资源动员指南[M].北京:中国人民大学出版社,2005.

[12]乔纳森·特纳.社会学理论的结构:上[M].北京:华夏出版社,2001.

[13]詹姆斯·科尔曼.社会理论的基础:上[M].北京:社会科学文献出版社,1999.

二、中文著作

[1]陈宝良.中国的社与会[M].杭州:浙江人民出版社,1996.

[2]陈定铭.非营利组织、政府与社会企业理论与实践[C].台北:天下文化出版股份有限公司,2007.

[3]陈津利.中国慈善组织个案研究:慈善组织的成功、策略和公众参与[M].北京:中国社会出版社,2008.

[4]陈武雄.志愿服务的理念与实务[M].台北:台湾志愿服务协会,2001.

[5]陈晓春,等.非营利组织营销学[M].长沙:湖南人民出版社,2003.

[6]陈瑛,许启贤.中国伦理大辞典[Z].沈阳:辽宁人民出版社,1989.

[7]慈济文化中心.慈济年鉴(2009)[M].台北:慈济文化出版社,2010.

[8]慈济文化中心.慈济年鉴(1966-1992)[M].台北:慈济文化出版社,1993.

[9]慈济文化中心.慈济年鉴(1993)[M].台北:慈济文化出版社,1994.

[10]戴康生,彭耀.宗教社会学[M].北京:社会科学文献出版社,2000.

[11]丁仁杰.社会脉络中的助人行为:台湾慈济功德会个案研究[M].台北:联经出版有限公司,1999.

[12]丁元竹,等.中国志愿服务研究[M].北京:北京大学出版社,2007.

[13]端良秀.中国佛教与社会福利事业[M].高雄:佛光出版社,1981.

[14]方克立.中国哲学大辞典[Z].北京:中国社会科学出版社,1994.

[15]范丽珠.全球化下的社会变迁与非政府组织[M].上海:上海人民出版社,2003.

[16]国家民间组织管理局.2009年中国社会组织理论研究论文集[C].北京:中国社会出版社,2010.

[17]官有垣.非营利组织与社会福利:台湾本土的个案分析[C].台北:亚太图书出版社,2000.

[18]何增科.公民社会与第三部门[M].北京:社会科学文献出版社,2000.

[19]何兹全.五十年来汉唐佛教寺院经济研究[C].北京:北京师范大学出版社,1986.

[20]黄开国,等.诸子百家大辞典[Z].成都:四川人民出版社,1999.

[21]黄晓勇,等.中国民间组织报告(2008)[M].北京:社会科学文献出版社,2008.

[22]继愈.佛教大辞典[Z].南京:江苏古籍出版社,2002.

[23]江灿腾.台湾佛教史[M].台北:五南图书出版公司,2009.

[24]江明修.第三部门经营策略与社会参与[C].台北:智胜文化,1999.

[25]江明修.第三部门与政府跨部门治理[C].台北:智胜文化,2008.

[26]江明修.非营利管理[M].台北:智胜文化,2002.

[27]江明修.志工管理[M].台北:智胜文化,2003.

[28]金泽,邱永辉.中国宗教报告(2010)[M].北京:社会科学文献出版社,2010.

[29]阚正宗.重读台湾佛教:战后台湾佛教(续编)[M].台北:大千出版社,2004.

[30]康晓光.创造希望:中国青少年发展基金会研究[M].桂林:漓江出版社、广西师范大学出版社,1997.

[31]李向平.佛教信仰与社会变迁[M].北京:宗教文化出版社,2007.

[32]李向平.中国当代宗教的社会学诠释[M].上海:上海人民出版

社,2006.

[33]刘少杰.国外社会学理论[M].北京:高等教育出版社,2006.

[34]吕大吉.宗教学通论新篇[M].北京:中国社会科学出版社,1998.

[35]民政部法规概要编写组.民政工作法规概要[M].北京:中国社会出版社,1991.

[36]潘煊.看见佛陀在人间:印顺导师师傅[M].台北:台北文化,2002.

[37]丘昌泰.非营利部门研究:治理、部门互动与社会创新[M].台北:智胜文化,2007.

[38]丘秀芷.大爱:证严法师与慈济世界[M].台北:天下文化出版股份有限公司,1996.

[39]瞿海源.台湾宗教变迁的社会政治分析[M].台北:桂冠图书股份有限公司,1997.

[40]时光,王岚.宗教学引论[M].北京:中央民族大学出版社,1994.

[41]释证严.大爱洒人间:证严法师的慈济世界[M].佛教慈济慈善事业基金会,2007.

[42]苏力,葛云松,张守文,等.规制与发展:第三部门的法律环境[M].杭州:浙江人民出版社,1999.

[43]孙立平.动员与参与:第三部门募捐机制个案研究[M].杭州:浙江人民出版社,2000.

[44]孙钱章.实用领导科学大辞典[M].济南:山东人民出版社,1990.

[45]陶传进.社会公益供给:NPO、公益部门与市场[M].北京:清华大学出版社,2005.

[46]陶百川.综合六法全书[M].台北:台湾三民书局,1992.

[47]田凯.非协调约束与组织运作[M].北京:商务印书馆,2004.

[48]王名.非营利组织管理概论[M].北京:中国人民大学出版社,2002.

[49]王名,等.民间组织通论[M].北京:时事出版社,2004.

[50]王名.中国民间组织30年:走向公民社会(1978—2008)[C].北

京:社会科学文献出版社,2008.

[51]王名,等.中国社团改革:从政府选择到社会选择[M].北京:社会科学文献出版社,2001.

[52]王绍光.多元与统一:第三部门国际比较研究[M].杭州:浙江人民出版社,1999.

[53]王顺民.当代台湾地区宗教类非营利组织的转型与发展[M].台北:洪业文化事业有限公司,2001.

[54]王顺民.宗教福利[M].台北:亚太图书出版社,1999.

[55]王颖,折晓叶,孙炳耀.社会中间层:改革与中国社团组织[M].北京:中国发展出版社,1993.

[56]王月清.中国佛教伦理研究[M].南京:南京大学出版社,1999.

[57]吴锦良.政府改革与第三部门发展[M].北京:中国社会科学发展出版社,2001.

[58]肖尧中.都市佛寺的社会交换研究[M].成都:四川出版集团、巴蜀书社,2009.

[59]萧新煌,等.非营利部门:组织与运作[M].台北:巨流图书股份有限公司,2010.

[60]"行政院"主计处.社会发展趋势调查暨社会参与延伸调查报告[M].台北:"行政院"主计处,2000.

[61]徐麟.中国慈善事业发展研究[M].北京:中国社会出版社,2005.

[62]徐以骅,章远,朱晓黎.宗教与美国社会:当代传教运动[C].北京:时事出版社,2009.

[63]杨团.中国慈善发展报告(2010)[M].北京:社会科学文献出版社,2010.

[64]业露华.中国佛教伦理思想[M].上海:上海社会科学院出版社,2000.

[65]俞可平.中国公民社会的制度环境[M].北京:北京大学出版社,2006.

[66]张士江,魏德东.中国宗教公益事业的回顾与展望[M].北京:宗教文化出版社,2008.

[67]张勇.现代企业生命力:现代企业生命周期理论[M].北京:机械工业出版社,2007.

[68]张文.宋朝民间慈善活动研究[M].重庆:西南师范大学出版社,2005.

[69]赵朴初.佛教常识答问[M].北京:北京出版社,1983.

[70]郑志明.宗教与非营利事业[M].嘉义:南华大学宗教中心,2000.

[71]证严法师.静思语:第一集[M].北京:九州出版社,2010.

[72]中国青少年发展基金会发展研究委员会.处于十字路口的中国社团:中国第三部门研究年鉴2000年[M].天津:天津人民出版社,2001.

[73]周秋光,曾桂林.中国慈善简史[M].北京:人民出版社,2005.

[74]周雪光.组织社会学十讲[M].北京:社会科学文献出版社,2003.

三、期刊文献

[1]毕文芬,秦启文.基于社会交换理论视角分析企业的公益慈善事业[J].无锡商业职业技术学院学报,2009(6).

[2]陈彬.宗教也有市场?——罗德尼·斯达克的宗教市场理论述评[J].大庆师范学院学报,2009(5).

[3]程群.略述佛教慈悲观念在中国的开展[J].法音论坛,1998(12).

[4]崔晓火.慈济基金会:推开大陆慈善之门[J].中国新闻周刊,2010(48).

[5]邓子美.二十世纪中国佛教智慧的结晶:人间佛教理论的建构与运作(下)[J].法音,1998(7).

[6]董临萍,张文贤.国外组织情境下魅力型领导理论研究探析[J].外国经济与管理,2006(11).

[7]杜正干.唐病坊表征[J].敦煌研究,2001(1).

[8]高丙中.社会团体的合法性问题[J].中国社会科学,2000(2).

[9]高虹.佛教慈善事业与社会福利问题研究:以上海佛教信仰实践为例[J].甘肃社会科学,2010(3).

[10]高玉春,秦春艳."人间佛教"理念与佛教的人间化趋向[J].河北省社会主义学院学报,2003(10).

[11]官有垣.地方民间组织与政府在社区营造的伙伴关系:以嘉义新港文教基金会推动净港计划为例[J].研考双月刊,2002(3).

[12]官有垣.台湾民间社会福利机构与政府的竞争关系:以台湾基督教儿童福利基金会为例(1977—1985)[J].空大行政学报,1996(5).

[13]郭国庆,李先国.国外非营利机构筹资模式及启示[J].经济理论与经济管理,2001(12).

[14]郭金山,芮明杰.当代组织统一性理论研究述评[J].外国经济与管理,2004(6).

[15]何华钦,李庭志.宗教团体投入社区照顾关怀据点之研究[J].静宜人文社会学报,2010(2).

[16]黄海波.美国"福利改革"对宗教公益参与的推动及其争议[J].当代宗教研究,2010(3).

[17]黄剑波.福利慈善、社会资本与社会发展:论宗教在当代中国社会的参与需要和可能[J].广西民族研究,2005(4).

[18]方立天.中国佛教慈悲理念的特质及其现代意义[J].文史哲,2004(4).

[19]方立天.中国佛教伦理的社会意义[J].伦理学研究,2004(1).

[20]冯丹.当代世界宗教的世俗化倾向[J].国际关系学院学报,1999(1).

[21]贾西津,王名.两岸 NGO 发展与现状比较[J].第三部门研究学刊,2004(3).

[22]蒋坚永.对"发挥宗教界人士和信教群众在促进经济社会发展中的积极作用"的理论思考[J].中国宗教,2009(5).

[23]解丹琪.用社会交换理论完善企业激励机制[J].现代经济探讨,2004(5).

[24]赖永海.缘起论是佛法的理论基石[J].社会科学战线,2003(5).

[25]李程伟,罗鸿彦.资源动员与服务传递:试析红十字会组织在危机管理中的作用[J].中国行政管理,2008(4).

[26]李林.中国佛教史上的福田事业[J].法音,2005(12).

[27]李向平.从精神鸦片到社会资本:改革开放三十周年中国宗教的

基本变迁[J].中国宗教,2008(11).

[28]李向平.缘分·功德·共同体:佛教信仰的私人性与社会性[J].湖南师范大学学报,2009(4).

[29]李向平.宗教发展及其社会救助模式[J].江南大学学报(人文社会科学版),2010(6).

[30]李向平.宗教与中国公民社会建设:以基督教基层组织的运作模式为中心[J].江苏行政学院学报,2010(2).

[31]李向平,赵翠翠.信仰实践与中国公民社会:以佛教基层组织的运作为中心[J].西北民族大学学报(哲学社会科学版),2010(2).

[32]李晓明.国内外非营利组织研究述评[J].西北大学学报(哲学社会科学版),2007(9).

[33]李宜钊.投资社会资本:中国非营利组织发展的另一种策略[J].海南大学学报(人文社会科学版),2010(2).

[34]李正彪.企业成长的社会关系网络维度研究[J].经济问题探索,2003(2).

[35]李姿姿.社会团体内部权力与交换关系研究:以北京市海淀区个体劳动者协会为个案[J].社会学研究,2004(2).

[36]梁斐文.宗教型非营利组织行销策略研究:以慈济功德会为例[J].社区发展季刊,2005(112).

[37]缪方明.注重"心灵环保"的当代人间佛教:圣严法师人间佛教思想之探析[J].宗教学研究,2006(1).

[38]林本炫.我国当前宗教立法的分析与思考[J].思与言,2001(3).

[39]林家五.认定与认同在组织的运作历程:利益相关者理论的观点[J].人力资源管理学报,2006(3).

[40]林闽钢.社会资本视野下的非营利组织能力建设[J].中国行政管理,2007(1).

[41]林闽钢,战建华.灾害救助中的NGO参与及其管理:以汶川地震和台湾9·21大地震为例[J].中国行政管理,2010(3).

[42]刘东山.试析佛教的"心灵环保"思想[J].福州大学学报(哲学社会科学版),2004(3).

[43]刘丽,殷晓旺.社会交换理论视角下的大学生体育赛事志愿者行为分析[J].体育成人教育学刊,2010(6).

[44]刘威.慈善资源动员与权力边界意识:国家的视角[J].东南学术,2010(4).

[45]刘晓宁,刘求实.现阶段中国NGO组织扩展研究[J].学会,2005(4).

[46]刘元春.佛教民间慈善活动的特点与影响:上海"耀华路念佛小组"慈善活动纪实[J].世界宗教研究,2006(4).

[47]陆春萍,邓伟志.民间组织研究的多维理论视角析评[J].南京社会科学,2007(7).

[48]吕朝贤,潘福财.非营利组织变革:以圣心教养院为例[J].台湾社会福利学刊,2004(3).

[49]梅鹏军.论社会交换关系中的企业收益[J].商业时代,2004(12).

[50]彭欣,曾长秋.人间佛教的现代发展与当代实践[J].中国宗教,2011(2).

[51]秦剑.非营利组织的经济学分析:一个理论述评[J].河北经贸大学学报,2008(5).

[52]秦倩.宗教公益信托:宗教组织进入社会服务领域的新模式[J].世界宗教与文化,2010(2).

[53]宋跃华.关于寺庙慈善事业可持续发展的探讨:以广州光孝寺为例[J].宗教学研究,2010(2).

[54]孙晶.西方组织合法性理论评析[J].东南大学学报,2009(11).

[55]太虚.怎样来建设人间佛教[J].海潮音,1934(15).

[56]唐斌.中国非营利组织研究述评[J].社会科学辑刊,2006(4).

[57]唐东生.近年来国内NGO研究述评[J].改革,2003(2).

[58]唐蕙敏.当代台湾佛教与政治的关系[J].台湾研究,1999(2).

[59]唐兴霖,周幼平.中国非政府组织研究:一个文献综述[J].学习论坛,2010(1).

[60]唐忠毛.作为民间慈善组织的近代居士佛教:以民国上海佛教居士林为例[J].上海师范大学学报(哲学社会科学版),2008(11).

[61]田凯.中国非营利组织理事会制度的发展与运作[J].经济社会体制比较,2009(2).

[62]王成城,李晋,高先锋.基于组织身份冲突与模糊的并购有效性分析[J].现代管理科学,2010(5).

[63]王成城,刘洪,李晋.组织身份及其衍生构念实证研究综述[J].外国经济与管理,2010(1).

[64]王国伟.资源动员:城市社区公共服务资源获得机制研究[J].学术探索,2010(2).

[65]王佳.当代福建佛教慈善组织运行模式剖析[J].世界宗教研究,2010(5).

[66]王江江,张翠娥.近十年来我国民间组织研究综述[J].江汉论坛,2004(8).

[67]王荣国.圆瑛法师与泉州慈儿院[J].宗教学研究,2005(1).

[68]王少华.大众传媒在非营利组织合法性建构中的作用:以中国青少年发展基金会为例[J].新视野,2005(1).

[69]王顺民.人间佛教的远见与愿景:佛教与社会福利的对话[J].中华佛教学报,1998(11).

[70]王晓丽.浅谈隋唐佛教寺院的公益活动[J].烟台师范学院学报(哲学社会科学版),2005(5).

[71]王卫平.唐宋时期慈善事业概说[J].史学月刊,2000(3).

[72]王卫平.论中国古代慈善事业的思想基础[J].江苏社会科学,1999(2).

[73]王月清.论中国佛教伦理思想及其现代意义[J].南京大学学报(哲学·人文·社会科学),2002(5).

[74]王月清.中国佛教善恶报应论初探[J].南京大学学报(哲学·人文·社会科学),1998(1).

[75]魏德东.佛教的生态观[J].中国社会科学,1999(5).

[76]魏乐博.中国社会的宗教和公益[J].北京大学学报(哲学社会科学版),2009(7).

[77]吴玉详.积极支持和引导宗教界发展慈善事业[J].中国宗教,

2006(9).

[78]幸甜.社会网络与慈善筹资:以上海市慈善基金会个案研究[J].华东理工大学学报(社科版),2002(4).

[79]姚卫群.佛教伦理思想与现代社会[J].北京大学学报,1999(3).

[80]阎明复.美国慈善事业的考察报告[J].社会保障制度,2001(10).

[81]颜醒华,俞舒君.旅游企业产业集群的形成发展机制与管理对策[J].北京第二外国语学院学报,2006(1).

[82]杨杰,刘玲.组织认同与身份的质性分析与基模建构[J].社会科学家,2010(2).

[83]张家麟.宗教团体人力资源的社会心理基础:台北市保安宫志工参与的因素分析[J].新世界宗教研究,2006(1).

[84]张锦炎,李莽.宗教界是公益事业不可获取的有生力量[J].中央社会主义学院学报,2010(2).

[85]张培新.台湾宗教组织运作的社会资本考察:以慈济功德会为例[J].中山人文社会科学期刊,2006(6).

[86]张平,张先科.近十年来国内民间组织发展的制度环境研究综述[J].学会,2008(3)

[87]张映伟.大乘佛教的慈善观及其现代意义[J].中国宗教,2009(8).

[88]赵朴初.佛教与中国文化的关系[J].文史知识,1986(10).

[89]周明建,宝贡敏.组织中的社会交换:由直接到间接[J].心理学报,2005(37).

[90]周批改,周亚平.国外非营利组织的资金来源及启示[J].东南学术,2004(1).

[91]周秋光,徐美辉.道家、佛教文化中的慈善思想[J].道德与文明,2006(2).

[92]周秋光,曾桂林.中国慈善思想渊源探析[J].湖南师范大学学报,2007(3).

[93]周兆望,蔡定益.论北朝的慈善事业[J].南昌大学学报(人文社会科学版),2005(3).

[94]周兆望,蔡定益.魏晋南朝慈善事业初探[J].南昌大学学报(人文社会科学版),2004(7).

[95]庄书峰,谭书龙.宋代江南地区慈善事业研究[J].安徽史学,2006(6).

[96]浙江民宗委课题组.浙江省宗教界参与社会慈善公益事业的调查与思考[J].中国宗教,2010(4).

四、英文文献

[1] Alan Bryman. Charisma and leadership in organizations[M]. London: Sage Publishers, 1992.

[2] Albert Sand WhettenDA. Organizational identity[A]. Staw BMand Cumminmgs LL(Eds.). Research in organizational behavior[C]. Greenwich,CT: JAI Press,1985,7:263-295.

[3] BowenWG. The Charitable nonprofits: An analysis of Institutional Dynamics and Characteristics[M]. San Francisco: Jossey-Bass Publishers,1994.

[4] EbaughHR, ChafetzJS, PipesPF. Faith-based Social Service Organizations and Government Funding: Data from a National Survey[J]. Social Science Quarterly, 2005,86(2):273-292.

[5] EbaughHR, DanielsM. Where was the Religion? Distinguishing Faith-based from Secular Social Service Agencies[J]. Journal for the Scientific Study of Religion, 2003, 42(3):411-426.

[6] ForemanP, WhettenDA . Members'identification with multiple-identity organization[J]. Organization Science,2002,13(6):618-635.

[7] GioiaDA, SchultzM, CorleyKG. Organizational identity, image, and adaptive instability[J]. Academy of Management Review,2000,25(1),63-81.

[8] GronbijergKA, MartellL and PaarlbergL. Philanthropic Funding of Human Services: Solving Ambiguity Through the Two-Stage Competitive Process[J]. Nonprofit\s&\svoluntary Sector Quarterly,

2000,29(1):9-40.

[9] HomerL. Organizing and Funding non-worship Activities of Religious organization[A]. Paper presented at Religion and the Rule of Law: Comparative approaches to regulatingreligion and belief [C]. Conference of the Chinese Academy of Social Science and Institute of World Religious, 2004.

[10] HouseRJ. A 1976 theory of charismatic leadership [A]. HuntJGand LarsonLL(Eds.). Leadership the cutting edge[C]. London: Feffer & Simons,1977:189-207.

[11] JeavonsTH. The ambiguities of government funding for faith-based organizations and philanthropy[J]. New Directions for Philanthropic Fundraising, 1986,54(2002):91-105.

[12] Jeavons BT. Identifying characteristics of "religious" organizations: A n exploratory proposal[A]. Demerath NJ Ⅲ et. al. Organizational aspects of religion and religious aspects of organizations [C]. New York: Oxford University Press,1998.

[13]JohnsonBR,TompkinsRB,Webb D. Objective hope: Assessing the effectiveness of faith-based organizations: A review of the literature [M]. Philadelphia, Pa: Center for Research on Religion and Urban Civil Society at University of Pennsylvania,2002.

[14] MaisonneuveV. The Role of endowments and foundations in servicing the public interest[M]. New York:Clay Findlay Inc,2000.

[15] Mixer JR. Principles of Professional Fundraising: Useful Foundations for Successful Practice [M]. San Francisco, California: Jossey-Bass Publishers, 1993.

[16]Moingeon Band SoenenG. Corporate and organizational identity: Integrating strategy, marketing, communication and organizational perspective[M]. London: Routledge,2002.

[17]Pipes PF, EbaughHR. Faith-based Coalitions, Social Services and Government Funding[J]. Sociology of Religion,2002,63(1):49-68.

[18] Dimaggio PJ, Powell WW. The Iron Cage Revisited: Institutional Isomorphism and Collective Rationality[J]. American Sociological Review, 1983, 48(2):147-160.

[19] Dimaggio PJ, Powell WW. The New Institutionalism in Organizational Analysis[M]. Chicago: The University of Chicago Press, 1991.

[20] Praat MG, Rafaeli A. Organizational dress as a symbol of multilayered social identities[J]. Academy of Management Journal, 1997, 40(4), 862-898.

[21] Cnaan RA etc. The Newer Deal: Social Work and Religion in Partnership[M]. New York Chichester: West Sussex, 1999.

[22] SalamonLM. American nonprofit sector: A primer[M]. New York: The Foundation Press, 1992.

[23] SapersteinD. Public Accountability and Faith-based Organizations: A Problem Best Avoided[J]. Harvard Law Review, 2003, 116(5):1353-1379.

[24] Scott SG, Lane VR. A stakeholder approach to organizational identity[J]. Academy of Management Review, 2000, 25(1), 43-62.

[25] SiderRJ, Unruh HR. Typology of Religious Characteristics of Social Service and Educational Organizations and Programs[J]. Nonprofit and Voluntary Sector Quarterly, 2004, 33(1):109-134.

[26] Singh JV, House RJ. Organizational legitimacy and the liability of newness[J]. Administrative Science Quarterly, 1986, 31(2):171-193.

[27] Suchman, MC. Managing Legitimacy: Strategic and Institutional Approaches[J]. The Academy of Management Review. 1995, 20(3): 571-610.

[28] TajfelH. Social identity and intergroup behavior[J]. Social Science Information, 1974, 13(13), 65-93.

[29] WoodRL. Religion, Faith-based Community Organizing and the Struggle for Justice[A]. Dillon M. (Ed.). Handbook of the sociology of religion[M]. Cambridge University Press, 2003.

[30] Wuthnow R. Saving America? Faith-based Services and the Future of Civil Society[M]. Princeton University Press,2004.

[31] YoungDR. Organizational Identity in Nonprofit Organizations: Strategic and Structural Implications [J]. Nonprofit Management & Leadership,2001,12(2):139-157.

五、网络资源

[1]慈济全球资讯网:http://www.tzuchi.org.tw/.

[2]南普陀寺慈善会网站:http://www.nanputuo.com/nptcsh/.

[3]同心慈善会网站:http://www.ohch.org/.

[4]底冬娜.台湾慈济获消除贫困奖 曾拒绝2亿美元捐款[EB/OL] http://news.qq.com/a/20101018/000093.htm,2010-10-18.

[5]公益时报网.民政部力推救灾官民合作 NGO拟搭建共享网络[EB/OL]. http://gongyi.ifeng.com/news/detail_2011_04_08/5617267_0.shtml,2011-04-08.

[6]凤凰卫视.慈善神话:证严法师和她的慈济志业[EB/OL]. http://www.douban.com/group/topic/13483834/,2010-08-19.

[7]黄海波.当代城市家庭教会:体制外的信仰表达——组织合法性理论视角的考察[EB/OL]. http://www.pacilution.com/ShowArticle.asp?ArticleID=2727.

[8]刘澎.关于宗教组织进入社会服务领域的机制问题[EB/OL]. http://www.fjnet.com/fjlw/200906/t20090627_126234.htm,2009-06-27.

[9]民政部慈善协调办公室,中民慈善捐助信息中心.2007年度中国慈善捐赠情况分析报告[EB/OL]. http://www.mca.gov.cn/article/zwgk/gzdt/200801/20080100011358.shtml.

[10]台湾地区社会变迁基本调查网站:http://www.ios.sinica.edu.tw/sc1/person.pl,2004.

[11]王红蕾.明代佛教的社会救济、公益事业及其现代启示[EB/OL]. http://www.foyuan.net/plus/view.php?aid=72858,2009-09-24.

[12]魏德东.宗教市场论:全新的理论范式[EB/OL]. http://www.fjdh.com/wumin/HTML/139230.html.

[13]壹基金2009年财务管理报告[EB/OL]. http://www.onefoundation.cn/html/77/n-1177.html.

[14]中国大百科.社会交换论[EB/OL]. http://ecph.cnki.net/Clearread.aspx?itemid=52187&vol.

[15]中国民族报.调查表明中国18%的人自认信佛 正式皈依信徒也最多[EB/OL]. http://www.fjnet.com/jjdt/jjdtnr/201008/t20100829_167235.htm.

[16]中国新闻网.台湾慈济环保科技园落户四川什邡 支持灾后重建[EB/OL]. http://news.sohu.com/20100626/n273084450.shtml,2010-06-26.

[17]钟志慧.孝老爱亲情感厦门 《亲恩浩连天》今日拉开序幕[EB/OL]. http://house.focus.cn/news/2010-10-16/1073157.html,2010-10-16.

[18]朱武祥,魏炜.为何台湾一半的善款都捐给了慈济[EB/OL]. http://www.mycfz.com/zhuanlantekan/shangyemoshi/2011-01-20/1229.html.

六、会议论文

[1]邓子美,等.大陆佛教慈善公益组织类型探析:以当代福建之典型基金会为中心[C]//"教育与宗教慈善暨第三届宗教与公益事业论坛"论文集,2009.

[2]邓子美,等.南普陀寺慈善事业基金会运作模式调查[C]//"灾难危机与佛教慈善事业暨第二届宗教与公益事业论坛"论文集,2008.

[3]裴勇,胡绍皆,张弩.我国宗教界参与社会公益事业的考察与分析[C]//"灾难危机与佛教慈善事业暨第二届宗教与公益事业论坛"论文集,2008.

[4]卢蕙馨.佛教慈济功德会"非寺庙中心"的现代佛教特性[C]//汉学研究中心.寺庙与民间文化研讨会论文集.台北:交建会,1995.

[5]卢蕙馨.台湾佛教慈济功德会的道德意义[C]//"中国佛教思想文化学术研讨会"论文集,1992.

[6]敏贤良.对我国宗教界参与社会公益事业的思考[C]//"教育与宗教慈善暨第三届宗教与公益事业论坛"论文集,2009.

[7]莫岳云.发展宗教公益事业与构建和谐社会[C]//"灾难危机与佛教慈善事业暨第二届宗教与公益事业论坛"论文集,2008.

[8]王顺民.当代台湾地区宗教类基金会的一般性考察:概括、趋势以及相关的问题意义[C]//"社会变迁下的台湾基金会发展"学术研讨会论文集,2002.

[9]魏德东.作为宗教核心价值的公益事业:从汶川抗震救灾谈起[C]//"灾难危机与佛教慈善事业暨第二届宗教与公益事业论坛"论文集,2008.

[10]吴春波,于强.宗教慈善团体人力资源管理模式分析:以台湾慈济基金会为例[C]//"21世纪的公共管理:机遇与挑战——第三届国际学术研讨会"论文集,2009.

[11]杨光.从宗教慈善事业的发展看宗教对构建社会主义和谐社会的贡献[C]//"教育与宗教慈善暨第三届宗教与公益事业论坛"论文集,2009.

后 记

光阴似箭,岁月如梭。三年前重新回到厦大校园的时候,那红艳艳的凤凰花欢迎我们这些远方学子的回归;三年后,凤凰花依旧灿烂,然而此时我却要和美丽的校园挥手告别!在博士论文完成之际,我最想说的其实只有两个字:感恩!感恩所有帮助我的人,我的老师、家人和同学。

师恩重如山!我要感谢我的恩师徐延辉教授。从本科到博士,我换了三个专业,科研基础十分薄弱。但是,徐老师十分关心我的专业学习,给予细心的指导和帮助,在学习中以"专业标准"严格要求我。在我博士论文的写作过程中,从论文的选题、构思,到最后的修改与成稿,徐老师付出了无数的心血。可以说,没有徐老师的付出与指导,就没有这篇博士论文的顺利完成。虽然我现在还没有系统掌握规范化的社会科学研究方法,但是,我已经知道了今后努力的方向。我也要感谢公共事务学院的其他老师,包括杨方方老师、易林老师、唐美玲老师、张友琴老师、胡荣老师、卓越老师、陈振明老师、陈炳辉老师,以及我的硕士导师江秀平老师。感谢他们在我三年博士生学习期间给予学业上的指导与帮助。

亲恩浩连天!我要感谢我的家人,特别是我的爱人戴永美女士。从支持我考博的那天起,她就独自一个人承担了这个家庭的重担。三年以来,她任劳任怨,为这个家默默地付出,解除我的后顾之忧,使我全身心地投入到博士阶段的学习之中。可以说,如果没有她的付出就没有我今日的毕业。我也要感谢我的爸爸妈妈,他们给予我巨大的精神鼓励,时刻关心我的学业与生活,帮我照看可爱的儿子,为这个家付出了自己的一切。我还要感恩我的宝贝儿子。他的降临使我感受到了初为人父的喜悦,成为我学习的精神动力。

同窗情谊恒长久！在三年的学习中,我的同窗好友给予我巨大的帮助,我们或是相互交流学习心得,或是分享彼此生活中的快乐,也有替对方解除忧愁。在这里我感谢我的师妹孟祥、熊欢、徐婷、宋萧、曾晓燕,还要感谢我的同学刘典文、李礼、侯志阳、曹锐、孔结群、梁诚碧、朱武雄、李鹏、储亚萍。正是有了他们的陪伴,我的博士学习生涯才充满了快乐。

郭玉辉

2017 年 10 月